かぎ針で編む7つの物語

童話みたいな あみぐるみ

日本文芸社

CONTENTS

4	Episode 1	「赤ずきん」 ▶ How to make P.34
6	Episode 2	「おやゆび姫」 ▶ How to make P.40
8	Episode 3	「シンデレラ」 ▶ How to make P.45
10	Episode 4	「アラジンと魔法のランプ」 ▶ How to make P.52
12	Episode 5	「白雪姫」 ▶ How to make P.58
14	Episode 6	「長靴をはいた猫」 ▶ How to make P.66
16	Episode 7	「ラプンツェル」 ▶ How to make P.73

18　あみぐるみのアイテムリスト

29　基本のあみぐるみの作り方

34　How to make

78　編み目記号表

＊糸や材料の表記内容は、2024年9月現在のものです。

はじめに

本書『童話みたいなあみぐるみ』は、7つの物語を
6人の作家のイメージによって作られたあみぐるみです。

ビジュアル的な違いはもちろん、特に髪の付け方や
表情の出し方、各パーツのジョイントの仕方などに個性があり、
さまざまなパターンのあみぐるみの作り方を知ることができます。

登場する物語は
「赤ずきん」「おやゆび姫」「シンデレラ」「アラジンと魔法のランプ」
「白雪姫」「長靴をはいた猫」「ラプンツェル」の7つ。
世代を超えて、きっと一度は目にしたことがある名作ばかりです。

実際の物語にはもっとたくさんの登場人物がいます。
ヒトガタあみぐるみの作り方を参考に
お気に入りのキャラクターを増やしたり
お子さんや自分自身を作って、それぞれの物語に入り込み
没入感を楽しむのもおすすめです。
ぜひ、あみぐるみ作りを満喫してください。

Episode 1
赤ずきん

グリム童話の『赤ずきん』をモチーフにした赤ずきんとオオカミ。赤ずきんの赤いずきんの下は、重ね着がかわいいチロリアン風のエプロンドレス。オオカミはナイトキャップとエプロンをつけておばあさんに扮しています。キノコは小物入れとしても使えます。

Design：Miya ／ How to make ▷ P.34

使用糸：ハマナカ　ピッコロ、ティノ、itoa あみぐるみが編みたくなる糸
　　　　エコアンダリヤ《クロッシェ》、アメリーエフ《合太》

赤ずきんちゃんはおばあさんのお見舞いに向かいました。
「こんにちは、おばあちゃん。今日はお耳が大きいのね」
「それはね。そのかわいい声をよく聞きたいからよ」
「え、でもお口も……」

花から生まれた小さな小さなおやゆび姫。
その姿を見たカエルは
息子のお嫁さんにしようと
思いつきました。
「やあ！こんにちは」

Episode 2
おやゆび姫

アンデルセン童話の『おやゆび姫』をモチーフにしたおやゆび姫とカエル。おやゆび姫は、蓮の花に座らせることで小さなサイズを表現しています。カエルには帽子と蝶ネクタイを身につけさせ、どことなく怪しげな雰囲気に仕上げています。

Design：Miya ／ How to make ▷ P.40
使用糸：ハマナカ ピッコロ、ウオッシュコットン《クロッシェ》
アメリーエフ《合太》、ウオッシュコットン《グラデーション》

Episode 3

シンデレラ

童話『シンデレラ』をモチーフにしたシンデレラと王子。シンデレラは、変身前のシンプルな普段着と、変身後の艶やかなドレス姿の着せ替えを楽しめます。勇敢なロイヤルスタイルの王子や赤いベストのネズミも魅力的です。

Design：amidoki ／ How to make ▷ P.45

使用糸：ハマナカ　ピッコロ、ウオッシュコットンクロッシェ《ラメ》
　　　　ウオッシュコットン《クロッシェ》、純毛中細

「お嬢さん、私と踊ってくださいませんか?」
王子は美しいシンデレラに一目惚れ。
思わずダンスを申し込みました。
「ええ、喜んで」

アラジンは魔人の力を借りて姫に会いに来ました。
「魔法のじゅうたんで迎えに来たよ！」
「まあ素敵！」

Episode 4
アラジンと魔法のランプ

童話『アラジンと魔法のランプ』をモチーフにしたアラジンと姫、魔人たち。サルエルパンツにターバン、小物やアクセサリーにはゴールドやビーズなどを取り入れてアラビアン感を演出。双子？の魔人がキュートです。

Design：ミドリノクマ／ How to make ▷ P.52
使用糸：ハマナカ　ピッコロ、ウオッシュコットン《クロッシェ》

Episode 5
白雪姫

ドイツの民話『白雪姫』をモチーフにした白雪姫と魔女、姫の肩に乗るのは仲良しのリスです。白雪姫は赤いカチューシャ、ドレス、頬のチークでかわいらしく、魔女は真っ黒なガウンに先の尖った靴、ワシ鼻でミステリアスに仕上げています。

Design：andeBoo ／ How to make ▷ P.58

使用糸：ハマナカ ピッコロ、ウオッシュコットン、ウオッシュコットン《クロッシェ》
アメリーエフ《合太》、エコアンダリヤ《クロッシェ》

雪のように透き通った肌の白雪姫。
嫉妬した魔女は毒リンゴを与えて
姫を殺そうともくろみます。
「姫、食べちゃダメだよ!」

Episode 6
長靴をはいた猫

ヨーロッパの民話『長靴をはいた猫』をモチーフにした猫と王様。マントを脱いでサーベルを手に戦う凛々しい猫と、マントを着たフォーマルな猫を表現。王様は王冠やマント、ヒゲなど細かい演出でゴージャス感を出しています。

Design：高際有希／ How to make ▷ P.66
使用糸：ハマナカ アメリーエフ《合太》、アメリーエフ《ラメ》
　　　　ソノモノ アルパカブークレ

長靴をはいた猫は持ち前のトンチを発揮して魔王をやっつけました。そのごほうびとして猫のご主人様はお姫様と結婚し王国でみんな幸せに暮らしました。

Episode 7
ラプンツェル

グリム童話の『ラプンツェル』をモチーフにした長い髪のラプンツェル。ピンクと紫のドレス、ティアラやラリエットなどの着せ替えを楽しめます。ラプンツェルが住む塔は、屋根部分が蓋になる小物入れとしても使えます。

Design：くるりん／ How to make ▷ P.73
使用糸：ハマナカ ピッコロ、コトーネツィード、ティノ ウオッシュコットンクロッシェ《ラメ》

塔の中だけで暮らしていたラプンツェル。ある日、長く伸ばした金色の髪を使ってついに外の世界に飛び出して行きました。「私はもう自由よ！」

あみぐるみのアイテムリスト

7つの童話に登場する人形をはじめ、
洋服や小物などをまとめて紹介します。

Back

おやゆび姫

1

2

3

4

5

Thumbelina

1：おやゆび姫（人形本体）
2：ミニドレス
3：花飾り
4：カエル
5：蓮の花

シンデレラ

Back

1

2

3

4

cinderella

5

6

1：王子（人形本体）
2：ジャケット
3：ズボン
4：靴
5：かぼちゃ
6：ネズミ
7：シンデレラ（人形本体）
8：パニエ
9：ヘッドドレス
10：チョーカー
11：ドレス
12：ガラスの靴
13：三角巾
14：エプロン
15：普段の靴
16：普段着

アラジンと魔法のランプ

Aladdin and the Magic Lamp

Back

10
11
12
13
14

1：ターバン
2：アラジン（人形本体）
3：ベスト
4：ズボン
5：靴
6：ランプ
7：ランプの魔人
8：ゆびわ
9：ゆびわの魔人
10：姫（人形本体）
11：トップス
12：ズボン
13：靴
14：じゅうたん

白雪姫

Snow White

1:白雪姫（人形本体）
2:ペチパンツ
3:リボンカチューシャ
4:ドレス
5:マント
6:靴
7:魔女（人形本体）
8:とんがり靴
9:ローブ
10:リンゴ
11:バスケット
12:リス

長靴をはいた猫

Puss in Boots

基本のあみぐるみの作り方

本書ではさまざまなタイプのあみぐるみを掲載していますが、もっとも一般的なヒトガタタイプの作り方を「赤ずきん人形本体」の編み方で紹介します。(P.34、35 編み図参照)

STEP 1　各パーツを作る

1　頭部を編む。左手の人差し指に糸を2回巻きつけ、わを作る。

2　指からわを抜く。

3　左手中指と親指でわを押さえ、人差し指に糸をかけ、わの中に針を通し、糸をかける。

4　糸を引き出し、針に糸をかける。

5　糸を引き出し、立ち上がりのくさり1目を編む。

6　わの中に針を入れ、糸をかけて引き出し、さらに糸をかけて2ループを引き抜き、細編みを編む。

7　6を繰り返し、わの中に細編みを7目編む。

8　わの中に針を入れ、短い糸を引っ張り、わを引き締める。

9　1目めの細編みの頭に針を入れ、針に糸をかける。

10　糸を引き抜く。1段目の完成。

11　2段目の立ち上がりのくさり1目を編む。

12　前段の1目めの頭に針を入れる。

13 細編みを1目編む。

14 同じ目に針を入れる。

15 細編みを1目編む。細編みを2目編み入れたところ。

16 12〜15を6回繰り返し、1目めに引き抜き編みをして2段目の完成。

17 3段目以降も編み図のとおりに5段目の11目まで編み、12目めの細編みの最後の引き抜きの際にイエローベージュの糸を用意する。

18 イエローベージュの糸を引き抜き、糸変えできたところ。

19 金茶の糸は後ろで休ませ、13〜21目めまでイエローベージュの糸で編む。

20 22目めの細編みの最後の引き抜きの際に、休めていた金茶の糸を針にかける。

21 糸を引き抜く。23目めからはイエローベージュの糸を編みくるみながら編む。

22 5段目が編み終わったところ。12段目まで編み図のとおりに編む。

23 13段目からは編み図のとおりに細編み2目一度をする。

24 前段の細編みの頭に針を入れて引き出し、さらに次の目の頭に針を入れて引き出す。

25 針に糸をかけ、針にかかる3ループを一度に引き抜く。

26 15段目まで編んだら頭部の完成。

27 胴体を編む。編み図のとおりに白の糸で5段目の19目まで編む。

28 20目めの細編みの最後の引き抜きの際に、イエローベージュの糸に変える。

29 イエローベージュの糸で引き抜き編みをし、6段目の立ち上がりくさり1目を編む。

30 編み図のとおりに16段目まで編む。

STEP 2　綿を詰める（頭部と胴体をつなげる）

31 胴体の完成。頭部とつなぐため、編み終わりの残り糸を約20cm残してカットする。手足も編み図のとおりに編んでおく。

32 ピンセットで手芸綿を取り、頭部の隅々までしっかり詰める。

33 胴体にもしっかり手芸綿を詰め、編み終わりの残り糸をとじ針に通し、頭部を重ねる。

34 胴体と頭部を巻きかがりで縫い合わせる。

35 残り3分の1あたりで一旦とじ針を休め、頭がグラつかないように、ピンセットを使って隙間から手芸綿を詰める。

36 残りを縫い合わせて胴体と頭部を合わせる。

31

37 胴体12目めに太めのとじ針を刺し、テクノロートの通し穴を作る。

38 とじ針が通った穴に15cmにカットした手用のテクノロートを少しずつ通す。

39 テクノロートを胴体に貫通させる。

40 テクノロートの先端を手の長さに合わせて曲げてねじり、切り口部分をセロハンテープでカバーする。

41 テクノロートに左手をかぶせ、とじ針で半分まで縫い合わせる。

42 隙間から手芸綿を詰め、残りも縫い合わせる。※あみぐるみ以外の作品も、綿を入れる際はピンセットを使って隅々まで均一に綿を詰めましょう。

STEP 3 耳をつける

43 同様に左手も縫い合わせる。両足は立ち上がりを後ろにして両手同様に巻きかがりで縫い合わせる。本体が完成。

44 とじ針にイエローベージュの糸を通し、指定の位置に刺す。

45 ストレートステッチを6回繰り返す。

STEP 4 髪を植毛する

46 耳の刺しゅうが完成。

47 黄土の糸(ティノ)を約20cmにカットし、二つ折りにする。頭部の1段目をかぎ針で1目すくい、輪の部分を引き抜く。

48 輪に糸端2本を通す。

49 糸端をしっかり引っ張る。

50 同様に1段目の6目全部に糸をつける。

51 顔周りのサイドは横方向に糸を通す。

52 植毛図を参考に頭部全体に糸をつける。

53 毛先をカットし、長さを揃える。

ストレートステッチの刺し方

耳や顔の刺しゅうで使う「ストレートステッチ」の刺し方を紹介します。

1から針を出し、2に針を入れる。刺したい位置から針を出し、刺したい長さに針を入れる、を繰り返して直線で模様を作ります。

※P.34からのHow to makeでは「ストレートS」のようにステッチを「S」と表記します。

STEP 5 顔を作る

54 差し目の指定位置に黒糸でまつ毛を刺しゅうし、差し目の足部分に手芸用接着剤をつけて差し込む。反対の目も同様に差し込む。

55 とじ針にイエローベージュの糸を通す。指定の位置にストレートステッチを2回繰り返し、鼻を刺しゅうする。

56 目の周りやあご、額をフェルティング用ニードルで刺し、凹凸を出す。
※フェルティング用ニードルは必ず垂直にまっすぐ刺してまっすぐに抜きます。

57 赤ずきん人形本体の完成。

How to make. 1
赤ずきん [P.4、19]

人形本体

- [糸] ハマナカ ピッコロ イエローベージュ(45)8g、金茶(21)3g、白(1)1g
  ハマナカ ティノ 黄土(13)5g
- [針] かぎ針4/0号、とじ針、刺しゅう針、フェルティング用ニードル
- [その他] 楕円差し目(4.5mm)黒 2個、ハマナカ テクノロート(H204-593)35cm、ハマナカ ネオクリーンわたわた(H405-401)7g、刺しゅう糸(黒)少々、手芸用接着剤、頬紅、ミニヘアゴム、綿棒、セロハンテープ、ピンセット
- [ゲージ] 5.5目5.5段=2cm角

[作り方]　＊P.29〜もご覧ください

1. パーツを編む。わの作り目から各パーツを編み図のとおりに編む。頭部以外は編み終わりの糸を30cm残してカットする。
2. 頭部と胴体に綿を詰め、胴体で残した糸をとじ針に通し、巻きかがりで合わせる。残り3分の1くらいになったら、ピンセットで首元にもしっかりと綿を詰め、残りを合わせる。
3. テクノロートを15cm(手用)と20cm(足用)にカットし、胴体の14段目(手)と2段目(足)に左右に通す。
4. それぞれのテクノロートの先をねじり、セロハンテープでとめる。手、足をテクノロートの上から被せ、残した糸をとじ針に通し、巻きかがりで合わせる。残り3分の1くらいになったら、ピンセットで綿を詰め、残りを合わせる。
5. 耳を付ける。とじ針を使って耳を刺しゅうする。
6. 髪を付ける。20cmにカットした黄土の糸を129本用意し、指定の位置に植毛(P.32、33参照)する。髪の長さを揃えてカットする。
7. 顔を作る。とじ針を使って鼻を刺しゅうする。刺しゅう針を使ってまつげを刺しゅうし、差し目の足に接着剤を付けて差し込む。綿棒で軽く頬紅を付ける。
8. フェルティング用ニードルで目の周り、おでこ、あごを刺してへこませる(図参照)。
9. 髪を三つ編みにしてミニヘアゴムでとめる。

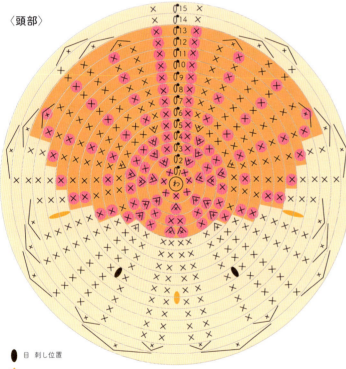

〈頭部〉

- 目 刺し位置
- 耳 イエローベージュ1本どりでストレートSを6回
- 鼻 イエローベージュ1本どりでストレートSを2回
- 植毛位置
- A:金茶、B:黄
- イエローベージュ

段数	目数	増減数
15	10目	−8目
14	18目	−10目
13	28目	−6目
6〜12	34目	増減なし
5	34目	+6目
4	28目	+8目
3	20目	+6目
2	14目	+7目
1	わの作り目に細編み7目編み入れる	

A:赤ずきん　B:おやゆび姫(P.40)

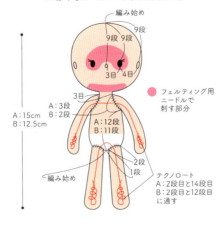

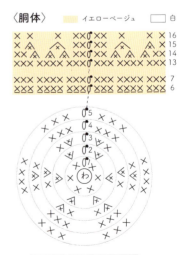

〈胴体〉　イエローベージュ　白

段数	目数	増減数
16	10目	増減なし
15	10目	−4目
14	14目	−6目
6〜13	20目	増減なし
5	20目	増減なし
4	20目	+2目
3	18目	毎段6目増
2	14目	
1	わの作り目に細編み6目編み入れる	

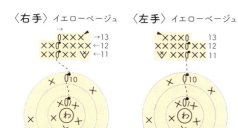
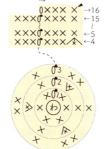

段数	目数	増減数
13	3目	編み図のとおり
12	6目	増減なし
11	6目	+1目
2〜10	5目	増減なし
1	わの作り目に細編み5目編み入れる	

段数	目数	増減数
16	4目	編み図のとおり
5〜15	7目	増減なし
4	7目	−2目
3	9目	増減なし
2	9目	+3目
1	わの作り目に細編み6目編み入れる	

▶ = 糸を切る
▷ = 糸を付ける
以下同じ

赤ずきんの服

[糸] ハマナカ ウオッシュコットン
ワンピース：白(1)6g、青(31)4g
エプロン：黒(13)3g、白(1)2g

[針] かぎ針4/0号、とじ針、縫い針

[その他] スナップボタン(5mm)4組、レース(1.2cm)白 20cm、チロリアンテープ(7mm)黒 12cm、縫い糸(青、白、黒)少々、手芸用接着剤

[作り方]
1. ワンピースを編む。くさり編み28目で作り目をし、編み図のとおりに7段目まで上身頃を編む。作り目の反対側から目を拾ってスカートを編む。袖ぐりから13目拾って袖を編む。
2. 縫い針でスカートの裾裏側にレース、指定の位置にスナップボタンを縫い付ける。
3. エプロンを編む。くさり編み30目で作り目をし、編み図のとおりに上身頃を編む。作り目の反対側から目を拾って前掛けを編む。とじ針を使って、肩紐を矢印の先の目に縫い付ける。
4. チロリアンテープを接着剤で上身頃の1、2段目に貼り付ける。縫い針でスナップボタンを縫い付ける。

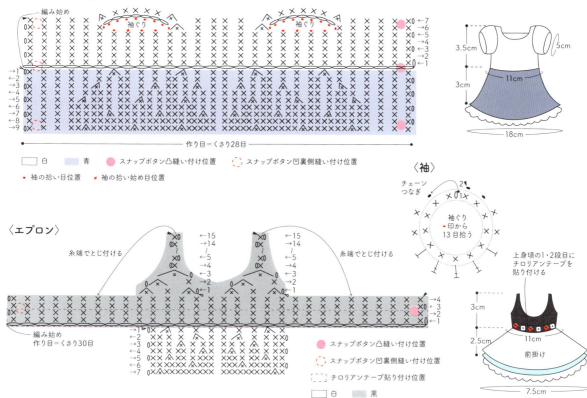

赤ずきん

[糸] ハマナカ itoa あみぐるみが編みたくなる糸 赤(306)9g
[針] かぎ針4/0号、とじ針、縫い針
[その他] ベルベットリボン(7mm)赤 28cm、縫い糸(赤)少々

[作り方]
1. フードを編む。わの作り目から編み図のとおりに編む。
2. ケープを編む。編み始めの糸を40cm残し、くさり編み20目で作り目をし、編み図のとおりに編む。
3. ケープの編み始めの残り糸をとじ針に通し、ケープとフードの●印同士を巻きかがりで合わせる。
4. 縁編みをする。
5. ベルベットリボンを14cm×2本にカットし、縫い針でケープの1、2段目の両端裏側に縫い付ける。

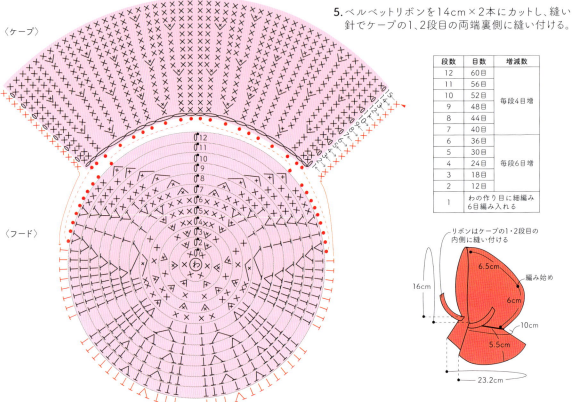

段数	目数	増減数
12	60目	
11	56目	
10	52目	毎段4目増
9	48目	
8	44目	
7	40目	
6	36目	
5	30目	
4	24目	毎段6目増
3	18目	
2	12目	
1	わの作り目に細編み6目編み入れる	

[糸] かごバッグ：エコアンダリヤ《クロッシェ》ナチュラル(803)2g
ブーツ：ハマナカ ウオッシュコットン 焦げ茶(38)3g
[針] かぎ針4/0号、とじ針

[作り方]
1. かごバッグを編む。くさり3目で作り目をし、編み図のとおりに10段目まで編む。
2. ブーツを編む。わの作り目から編み図のとおりに編む。

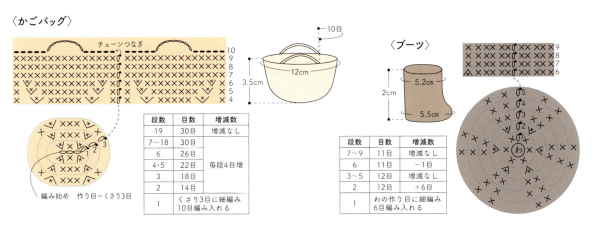

〈かごバッグ〉

段数	目数	増減数
19	30目	増減なし
7〜18	30目	
6	26目	
4・5	22目	毎段4目増
3	18目	
2	14目	
1	くさり3目に細編み10目編み入れる	

〈ブーツ〉

段数	目数	増減数
7〜9	11目	増減なし
6	11目	−1目
3〜5	12目	増減なし
2	12目	+6目
1	わの作り目に細編み6目編み入れる	

オオカミ

[糸] ハマナカ アメリーエフ《合太》グレー(523)21g、
ナチュラルホワイト(501)3g

[針] かぎ針4/0号、とじ針、刺しゅう針

[その他] ハマナカ テクノロート(H204-593)40cm
(20cm×2本にカット)、ハマナカ ネオクリーン
わたわた(H405-401)18g、ハマナカ あみぐるみ
EYEソリッドアイ5mm(H221-305-1)ブラック 1組、
ハマナカ あみぐるみノーズ9mm(H220-809-1)
黒 1個、刺しゅう糸(赤)少々、フェルト(白)少々、
手芸用接着剤、頬紅、綿棒、セロハンテープ、ピンセット

[ゲージ] 10目11段＝3cm角

[作り方]

1. 基本の作り方は「赤ずきん人形本体」の作り方1〜4(P.34)を参照。各パーツはP.37〜39の編み図で編む。
2. 鼻に綿を詰め、とじ針を使って残した糸で縫い付ける。
3. 目を付ける。白のフェルトを直径6mmの円形にカットし、穴をあけてソリッドアイを差し込む。ソリッドアイの足先とフェルトの裏側に接着剤を付け、目に差し込む。
4. 顔を仕上げる。あみぐるみノーズの足に接着剤を付け、1段目に差し込む。刺しゅう針を使い、口と舌を刺しゅうする。綿棒で軽く頬紅を付ける。
5. 耳を付ける。外表で二つ折りにし、とじ針を使って残した糸で頭部に縫い付ける。
6. しっぽに綿を詰めて、とじ針を使って残した糸で胴体に縫い付ける。

〈頭部〉

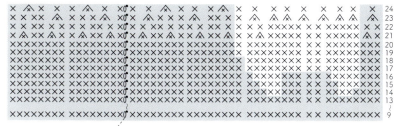

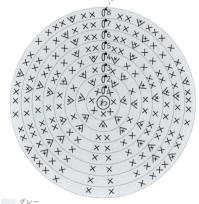

段数	目数	増減数
24	24目	−4目
23	28目	−12目
22	40目	増減なし
21	40目	−10目
9〜20	50目	増減なし
8	50目	
7	44目	
6	38目	毎段6目増
5	32目	
4	26目	
3	20目	
2	14目	+7目
1	わの作り目に細編み7目編み入れる	

■ グレー
□ ナチュラルホワイト

しっぽ縫い付け位置

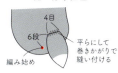

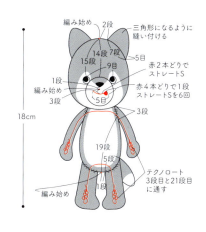

〈耳〉グレー

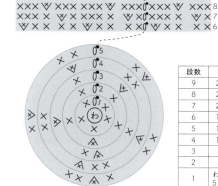

段数	目数	増減数
9	24目	増減なし
8	24目	
7	21目	
6	18目	毎段3目増
5	15目	
4	12目	
3	9目	
2	6目	+1目
1	わの作り目に細編み5目編み入れる	

〈マズル〉

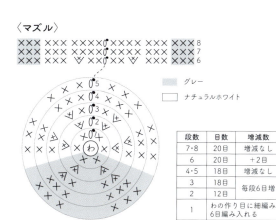

■ グレー
□ ナチュラルホワイト

段数	目数	増減数
7・8	20目	増減なし
6	20目	+2目
4・5	18目	増減なし
3	18目	毎段6目増
2	12目	
1	わの作り目に細編み6目編み入れる	

〈胴体〉

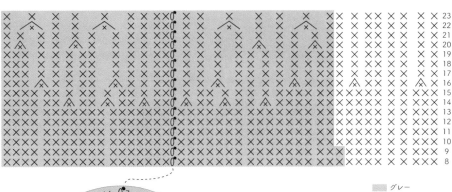

段数	目数	増減数
23	24目	増減なし
22	24目	−4目
21	28目	増減なし
20	28目	−4目
17〜19	32目	増減なし
16	32目	−6目
15	38目	増減なし
14	38目	−6目
8〜13	44目	増減なし
7	44目	毎段6目増
6	38目	
5	32目	
4	26目	
3	20目	
2	14目	+7目
1	わの作り目に細編み7目編み入れる	

■ グレー
□ ナチュラルホワイト

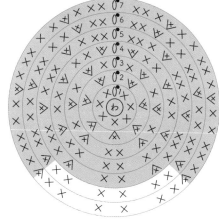

〈しっぽ〉

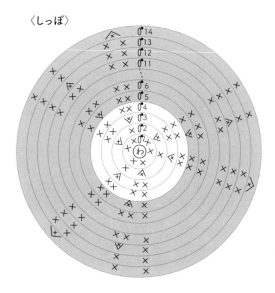

段数	目数	増減数
14	9目	−3目
13	12目	増減なし
12	12目	−3目
6〜11	15目	増減なし
5	15目	+3目
4	12目	増減なし
3	12目	毎段3目増
2	9目	
1	わの作り目に細編み6目編み入れる	

〈右足〉グレー　　　〈左足〉グレー

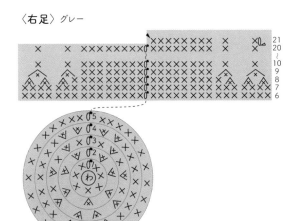
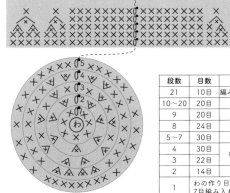

段数	目数	増減数
21	10目	編み図のとおり
10〜20	20目	増減なし
9	20目	−4目
8	24目	−6目
5〜7	30目	増減なし
4	30目	毎段8目増
3	22目	
2	14目	+7目
1	わの作り目に細編み7目編み入れる	

〈右手〉グレー

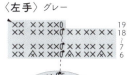

〈左手〉グレー

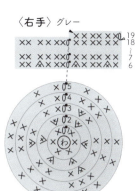

段数	目数	増減数
19	6目	編み図のとおり
7〜18	12目	増減なし
6	12目	−3目
4・5	15目	増減なし
3	15目	+3目
2	12目	+6目
1	わの作り目に細編み6目編み入れる	

キノコの小物入れ

[糸] ハマナカ ウオッシュコットン 赤(36)14g、オフホワイト(2)14g、白(1)1g

[針] かぎ針4/0号、とじ針

[その他] ハマナカ ネオクリーンわたわた（H405-401）5g、ピンセット

[作り方]
1. パーツを編む。わの作り目から編み図のとおりに編む。
2. とじ針を使い、笠に刺しゅうする。
3. 笠とひだを外表に合わせて巻きかがりで合わせる。残り3分の1くらいになったらピンセットなどで綿を詰め、残りを合わせる。

〈軸〉オフホワイト

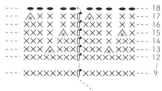

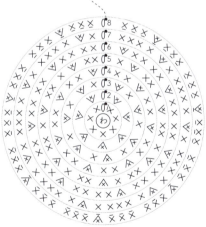

〈笠〉赤

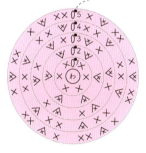

段数	目数	増減数
20	54目	−18目
13〜19	72目	増減なし
12	72目	
11	66目	
10	60目	
9	54目	
8	48目	
7	42目	毎段6目増
6	36目	
5	30目	
4	24目	
3	18目	
2	12目	
1	わの作り目に細編み6目編み入れる	

段数	目数	増減数
18	35目	増減なし
17	35目	−7目
16	42目	増減なし
15	42目	−7目
14	49目	増減なし
13	49目	−7目
9〜12	56目	増減なし
8	56目	
7	49目	
6	42目	
5	35目	毎段7目増
4	28目	
3	21目	
2	14目	
1	わの作り目に細編み7目編み入れる	

〈ひだ（笠裏）〉オフホワイト

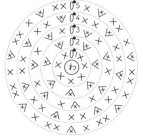

笠裏

段数	目数	増減数
8	54目	毎段6目増
7	48目	
6	42目	
5	35目	
4	28目	毎段7目増
3	21目	
2	14目	
1	わの作り目に細編み7目編み入れる	

白1本どりで3回巻きのフレンチノットS（P77.参照）

3.5cm
24.5cm
3.5cm
19cm

ナイトキャップ　エプロン

[糸] ハマナカ itoa あみぐるみが編みたくなる糸
　　エプロン：パステルピンク(324)1g、白(301)1g
　　ナイトキャップ：パステルピンク(324)5g
[針] かぎ針4/0号、とじ針、縫い針
[その他] ラッセルレース(2.5cm)白 20cm、
　　縫い糸(白)少々

[作り方]
1. エプロンを編む。白の糸でわの作り目から編み図のとおりにエプロンを編む。パステルピンクの糸でくさり35目を編み、続けてエプロンの上部を細編みで縁編みし、さらにくさり35目を編む。
2. ナイトキャップを編む。わの作り目から編み図のとおりに12段目まで編む。縫い針でラッセルレースを被り口の内側に縫い付ける。

〈ナイトキャップ〉

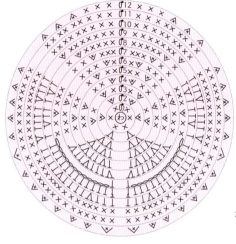

段数	目数	増減数
12	38目	－32目
10・11	70目	増減なし
9	70目	＋10目
8	60目	＋6目
7	54目	＋8目
6	46目	＋10目
5	36目	毎段8目増
4	28目	
3	20目	
2	12目	＋6目
1	わの作り目に細編み6目編み入れる	

〈エプロン〉

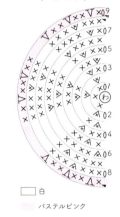

段数	目数	増減数
9	32目	＋8目
8	24目	
7	21目	
6	18目	毎段3目増
5	15目	
4	12目	
3	9目	
2	6目	
1	わの作り目に細編み3目編み入れる	

□ 白
■ パステルピンク

How to make. 2
おやゆび姫 [P.6、18]

人形本体

[糸] ハマナカ ピッコロ イエローベージュ(45)7g、
　　黄(42)6g、白(1)1g
[針] かぎ針3/0号、とじ針、刺しゅう針、フェルティング用ニードル
[その他] 楕円差し目(4.5mm)黒 2個、ハマナカ テクノロート
　　(H204-593)25cm(12cm(手用)と13cm(足用)にカット)、刺しゅう糸(黒)少々、ハマナカ ネオクリーンわたわた(H405-401)5g、手芸用接着剤、綿棒、頬紅、テンレスブラシ、セロハンテープ、ピンセット
[ゲージ] 6目6段＝2cm角

[作り方]
1. 基本の作り方と頭部の編み図は「赤ずきん人形本体」の作り方(P.34)を参照。頭部以外の各パーツはP.40、41の編み図で編む。
2. 髪を付ける。10cmにカットした黄の糸を91本用意し、「植毛図」を参照して指定の位置に植毛(P.32、33参照)する。ステンレスブラシで髪の毛をとかし、フワフワにする。髪の長さを揃えてカットする。

〈植毛図〉　● 植毛位置

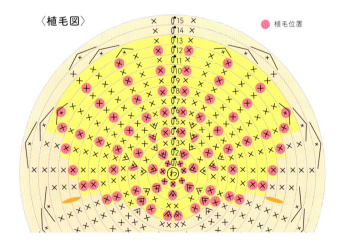

〈胴体〉

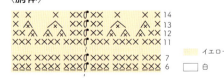

■ イエローベージュ
□ 白

段数	目数	増減数
14	10目	増減なし
13	10目	－4目
12	14目	
6～11	20目	増減なし
5	20目	増減なし
4	20目	＋2目
3	18目	毎段6目増
2	12目	
1	わの作り目に細編み6目編み入れる	

〈右手〉
イエローベージュ

〈左手〉
イエローベージュ

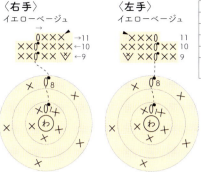

段数	目数	増減数
11	3目	編み図のとおり
10	6目	増減なし
9	6目	+1目
2～8	5目	増減なし
1	わの作り目に細編み5目編み入れる	

〈右足〉
イエローベージュ

〈左足〉
イエローベージュ

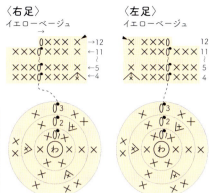

段数	目数	増減数
12	4目	編み図のとおり
5～11	7目	増減なし
4	7目	－2目
3	9目	増減なし
2	9目	+3目
1	わの作り目に細編み6目編み入れる	

花飾り
ミニドレス

［糸］ハマナカ ウオッシュコットン《クロッシェ》
　　　ミニドレス：水色(135)4g、白(101)1g
　　　花飾り：白(101)2g、薄ピンク(113)1g
［針］かぎ針3/0号針、とじ針、縫い針
［その他］トーションレース(1cm)白 2cm、
　　　　　オーガンジーフリルレース(2.5cm)白 20cm、
　　　　　ラインストーン(楕円6mm) 水色 1個、
　　　　　手芸用接着剤、スナップボタン(5mm)2組、
　　　　　縫い糸(水色)少々

［作り方］
1. ミニドレスを編む。くさり30目で作り目をし、編み図のとおり6段目まで上身頃を編む。作り目の反対側から目を拾ってスカートを編む。
2. オーガンジーフリルレースを10cm×2枚にカットし、2枚重ねてスカートの裏に縫い付ける。
3. トーションレースを接着剤で上身頃の中心に付け、その上にラインストーンを付ける。
4. 縫い針でスナップボタンを縫い付ける。
5. 花飾りを編む。わの作り目から編み図のとおりに4段目まで土台を編む。
6. 1段目と2段目の残り半目を拾って、花びらを編み付ける。このとき1段目の花びらは編み終わりの糸を10cm残してカットする。
7. くさり編み90目で紐を編み、45目めに花の土台の編み始めの糸と1段目の花びらの残した糸で結び付ける。

〈花飾り土台〉　〈花びら〉

1段目と2段目の残り半目を拾って花びらを編み付ける

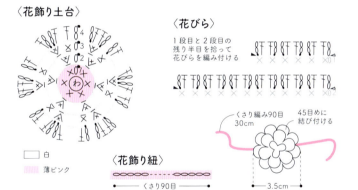

□ 白
■ 薄ピンク

〈花飾り紐〉

くさり90目

くさり編み90目
30cm
45目めに結び付ける
3.5cm

〈ミニドレスの本体〉

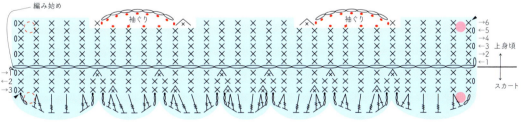

編み始め
袖ぐり
上身頃
スカート
作り目＝くさり30目

□ 白　■ 水色
● スナップボタン凸縫い付け位置
○ スナップボタン凹裏側縫い付け位置
・ 袖の拾い目位置　・ 袖の拾い始め目位置

〈袖〉

チェーンつなぎ
袖ぐり印から13目拾う

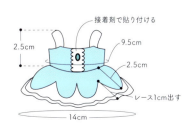
接着剤で貼り付ける
2.5cm
9.5cm
2.5cm
レース1cm出す
14cm

カエル

[糸] ハマナカ アメリーエフ《合太》 ミントグリーン(517)15g、ナチュラルホワイト(501)2g、ハマナカ ウオッシュコットン 黒(13)2g、赤(36)1g

[針] かぎ針4/0号、とじ針、刺しゅう針

[その他] ハマナカ アニマルアイ6.5×5mm(H221-205-1)ブラック 1組、ハマナカ あみぐるみEYEソリッドアイ2mm(H221-302-1)ブラック 1組、フェルト(白、薄ピンク)少々、ハマナカ ネオクリーンわたわた(H405-401)12g、ハマナカ テクノロート(H204-593)30cm(15cm×2本にカット)、手芸用接着剤、刺しゅう糸(赤)少々、セロハンテープ、ピンセット

[ゲージ] 10目11段=3cm角

[作り方]

1. 基本の作り方は「赤ずきん人形本体」の作り方1〜4(P.34)を参照。各パーツはP.42、43の編み図で編む。

2. 目を付ける。外表で二つ折りにし、とじ針を使って残した糸で頭部に縫い付ける。白のフェルトを9×7mmの楕円形にカットし、穴をあけてアニマルアイを差し込む。アニマルアイの足先を少しカットしてから、足先とフェルトの裏側に接着剤を付け、目に差し込む。

3. とじ針を使い、手と足の指定の位置に刺しゅうをする。

4. 顔を仕上げる。ソリッドアイの足に接着剤を付けて差し込む。刺しゅう針を使い、口を刺しゅうする。糸の裏側にごく少量の接着剤を付け、口のカーブを固定する。ピンクのフェルトを直径7mmの円形にカットし、接着剤で頬に付ける。

5. 帽子を編む。わの作り目から9段目まで編み図のとおりに編む。編み終わりの糸を20cm残してカットし、とじ針に通して頭頂部に縫い付ける。

6. 蝶ネクタイを編む。くさり7目で作り目をし、編み図のとおりに編む。とじ針を使って胴体の18段目を1目拾って縫い付ける。

〈頭部〉ミントグリーン

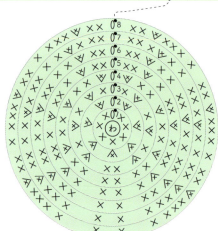

段数	目数	増減数
24	22目	−6目
23	28目	−12目
22	40目	増減なし
21	40目	−10目
9〜20	50目	増減なし
8	50目	毎段6目増
7	44目	
6	38目	
5	32目	
4	26目	
3	20目	
2	14目	+7目
1	わの作り目に細編み7目編み入れる	

〈目〉×2枚 ミントグリーン

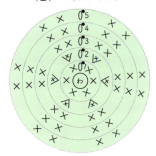

段数	目数	増減数
3〜5	12目	増減なし
2		+6目
1	わの作り目に細編み6目編み入れる	

〈右手〉ミントグリーン 〈左手〉ミントグリーン

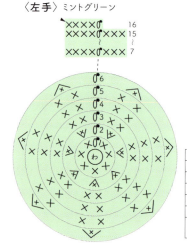

段数	目数	増減数
16	4目	編み図のとおり
7〜15	7目	増減なし
6	7目	−7目
3〜5	14目	増減なし
2	14目	+7目
1	わの作り目に細編み7目編み入れる	

〈胴体〉

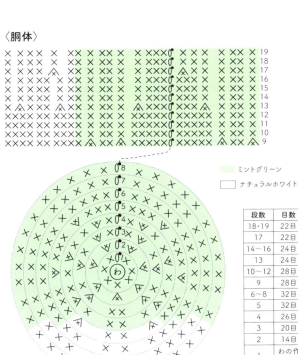

■ ミントグリーン
□ ナチュラルホワイト

段数	目数	増減数
18・19	22目	増減なし
17	22目	−2目
14〜16	24目	増減なし
13	24目	−4目
10〜12	28目	増減なし
9	28目	−4目
6〜8	32目	増減なし
5	32目	
4	26目	毎段6目増
3	20目	
2	14目	+7目
1	わの作り目に細編み7目編み入れる	

〈帽子〉

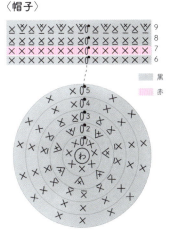

■ 黒
■ 赤

段数	目数	増減数
9	21目	+7目
3〜8	14目	増減なし
2	14目	+7目
1	わの作り目に細編み7目編み入れる	

〈右足〉ミントグリーン

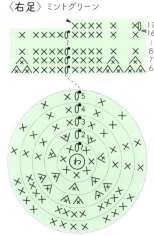

〈左足〉ミントグリーン

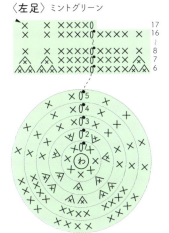

〈蝶ネクタイ〉赤

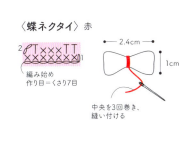

編み始め
作り目＝くさり7目

中央を3回巻き、縫い付ける

段数	目数	増減数
17	6目	編み図のとおり
8〜16	11目	増減なし
7	11目	−3目
6	14目	−6目
4・5	20目	増減なし
3	20目	+6目
2	14目	+7目
1	わの作り目に細編み7目編み入れる	

●足先の作り方

●手先の作り方

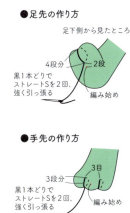

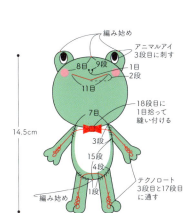

蓮の花

[糸] ハマナカ ウオッシュコットン
《グラデーション》ピンク(307)80g
ハマナカ ウオッシュコットン 黄緑(21)9g
[針] かぎ針4/0号、とじ針
[その他] ハマナカ ネオクリーンわたわた
（H405-401）2g、ピンセット

[作り方]
1. 土台と中心を編む。わの作り目からそれぞれ編み図のとおりに10段目まで編む。
2. 土台と中心を外表に合わせ、土台の8段目の残り半目と中心の10段目の頭を拾い、巻きかがりで合わせる。残り3分の1くらいになったらピンセットなどで綿を詰め、残りを合わせる。
3. 花びらを編む。くさり13目で作り目をし、2段目までを42枚編む。21枚は編み終わりの糸を40cm残してカットする。
4. 編み終わりの糸を残した花びらと、残していない花びらを1枚ずつ外表に合わせる。残した糸をとじ針に通し、1周巻きかがりで合わせる。
5. 土台の9段目と10段目の頭を拾い、花びらを縫い合わせる（花びら1枚につき、土台6目分）。
6. 右側の花びらが上にくるように重ねて、それぞれの花びらの下から5目めを1目ずつ拾って縫いとめる。

〈中心〉黄緑

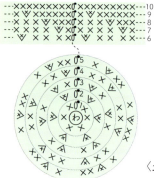

段数	目数	増減数
10	54目	増減なし
9	54目	毎段6目増
8	48目	
7	42目	
6	36目	
5	30目	
4	24目	
3	18目	
2	12目	
1	わの作り目に細編み6目編み入れる	

〈土台〉黄緑　花びら1枚につき6目拾って縫い合わせる

〈花びら〉ピンク

編み始め　作り目=くさり13目

段数	目数	増減数
10	66目	毎段6目増
9	60目	
8	54目	
7	48目	
6	42目	毎段7目増
5	35目	
4	28目	
3	21目	
2	14目	
1	わの作り目に細編み7目編み入れる	

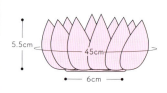

5.5cm　45cm　6cm

かぼちゃ
（シンデレラで登場するアイテムです）

[糸] ハマナカ ピッコロ オレンジ(7)5g、こげ茶(17)1g
[針] かぎ針3/0号、とじ針
[その他] ハマナカ ネオクリーンわたわた（H405-401）5g、ピンセット

[作り方]
1. くさり編み20目で作り目をし、編み図のとおり24段目まで編む。編み終わりの糸を30cm残してカットする。
2. 編み終わりの糸をとじ針に通し、編み地を外表で半分に折って作り目の半目と最終段の奥半目を巻きかがりで合わせる。
3. 「組み立て方」を参照して本体を仕上げたら、くさり編みの作り目からヘタを編み、編み終わりの糸で本体中心に縫い付ける。

〈本体〉オレンジ

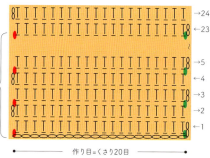

●印（奇数段のうね）12ヵ所を拾ってしぼり止めする
※反対側の●印も同じ

作り目=くさり20目

4cm　6cm

〈へた〉こげ茶

●組み立て方

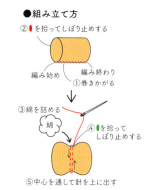

②●を拾ってしぼり止めする
編み始め　編み終わり
①巻きかがる
③綿を詰める
綿
④●を拾ってしぼり止めする
⑤中心を通して針を上に出す

How to make. 3
シンデレラ [P.8、20]

人形本体

[糸] ハマナカ ピッコロ　イエローベージュ(45)各12g、白(1)各2g、朱赤(26)各1g
　　シンデレラの髪：クリーム(41)7g、王子の髪：こげ茶(17)3g

[針] かぎ針3/0号、とじ針

[その他] ハマナカ テクノロート(H204-593)
　　シンデレラ：118cm、王子：122cm、
　　ハマナカ ネオクリーンわたわた(H405-401)各15g、
　　ハマナカ ソリッドアイ 4mm(H221-304-1)各1組、
　　手芸用接着剤、ピンセット

[ゲージ] 14目15段＝5cm角

[作り方]

1. 手と足を編む。テクノロートを26cm(手用、王子は30cm)1本と46cm(足用)2本にカットし両端を曲げてねじる(「テクノロートの曲げ方」P.46参照)。くさり編みの作り目から編み始め、テクノロートと綿を詰めながら編む。手は編み終わりの糸を30cm残してカットする。

2. 足から続けて胴体を編む。右足に白の糸を付け、くさり編み2目(王子は3目)で左足とつなぎ、続けて編み図のとおり胴体を編む。6段編んだら両足のテクノロートを合わせてねじり、胴体で1本にする。15(王子は17)段目で手を編みつなぎ、18(王子は19)段目で一旦針を休める。ピンセットなどで綿を詰めて形を整え、25(王子は27)段目まで編む。首から出たテクノロートの残りは巻いて頭の芯にする。

3. 頭部を編む。わの作り目から編み図のとおりに20段目まで編む。編み終わりの糸を20cm残してカットする。綿を詰めて、胴体の23(王子は25)段目にとじ付ける。

4. 顔を仕上げる。ソリッドアイの足に接着剤を付けて差し込む。耳を編み、編み終わりの糸で頭にとじ付ける。とじ針を使って朱赤の糸で口と頬に刺しゅうをする。

5. 髪を編む。わの作り目から編み図のとおり14段目まで編む。編み終わりの糸を1m70cm残してカットする。頭部に被せ、とじ針を使って残した糸で両耳の間、後頭部側をとじ付ける。続けて針を前髪の生え際に出す。

6. 生え際に出した糸を髪の14段目に引き抜いてくさり8目を編み、糸を引き抜いてとじ針に通して毛先を顔に刺し、生え際に出す。これをくり返して前髪を作る。シンデレラはわの作り目からおだんごを編み、綿を詰めて指定の位置にとじ付ける。

(パニエの作り方はP.48)

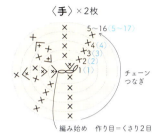

〈手〉×2枚

チェーンつなぎ

編み始め　作り目＝くさり2目

段数		目数	増減数
シンデレラ	王子		
5〜16	5〜17	6目	増減なし
4	4	6目	−2目
3	3	8目	増減なし
2	2	8目	＋2目
1	1	くさり2目に細編み6目編み入れる	

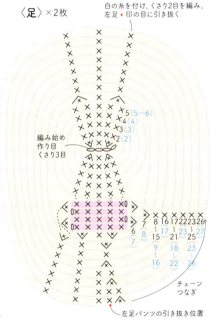

〈足〉×2枚

白の糸を付け、くさり2目を編み、左足・印の目に引き抜く

編み始め 作り目 くさり3目

チェーンつなぎ

左足パンツの引き抜き位置

かかとにあたる部分は往復編み

段数		目数	増減数
シンデレラ	王子		
26	27	10目	＋1目
23〜25	24〜26	9目	増減なし
22	23	9目	＋1目
17〜21	18〜22	8目	増減なし
16	17	8目	＋1目
8〜15	9〜16	7目	増減なし
7	8	7目	−3目
6	7	10目	5目4段・増減なし	←かかと
2〜5	2〜6	10目	
1	1	くさり3目に細編み10目編み入れる	

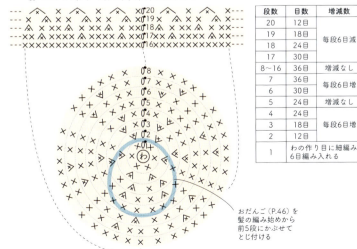

〈頭部・髪〉

*頭部：イエローベージュ
髪：シンデレラ(クリーム)、王子(こげ茶)で14段目まで

段数	目数	増減数
20	12目	毎段6目減
19	18目	
18	24目	
17	30目	
8〜16	36目	増減なし
7	36目	毎段6目増
6	30目	
5	24目	増減なし
4	24目	
3	18目	毎段6目増
2	12目	
1	わの作り目に細編み6目編み入れる	

↑髪は14段目まで

おだんご(P.46)を髪の編み始めから前5段にかぶせてとじ付ける

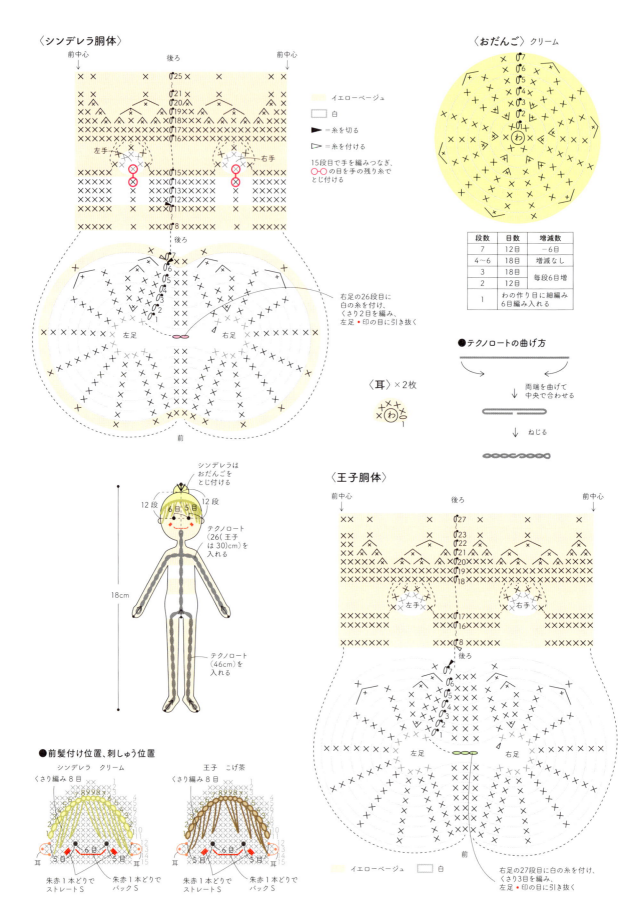

ドレス

[糸] ハマナカ ウオッシュコットンクロッシェ《ラメ》 水色(405)22g、白(401)6g
[針] かぎ針3/0号、とじ針、縫い針
[その他] スナップボタン(6mm)2個、ビーズ(8mm)水色 1個、サテンリボン(6mm幅)水色 40cm、フリルレース(2.5cm幅)白 55cm、手芸用接着剤、縫い糸(水色、白)少々

[作り方]

1. 上身頃を編む。くさり編み25目で作り目をし、編み図のとおりに編む。
2. スカートを編む。作り目の反対側から目を拾って編む。11段目のすじ編みのすじを拾ってフリルを編む。
3. 襟とスカート飾りを付ける。上身頃の最終段から目を拾って襟を編む。くさり編みの作り目からスカート飾りを編み、編み終わりの糸を30cm残してカットする。同じものをもう1枚編む。とじ針を使って残した糸で本体の作り目にとじ付ける。
4. ドレスを仕上げる。縫い針を使ってスナップボタンとビーズを縫い付ける。サテンリボンの中央裏側に接着剤を付けてウエストに貼り、後ろでリボン結びする。
5. フリルレースを25cm(a)と30cm(b)にカットし、縫い針を使ってドレスに縫い付ける(図参照)。

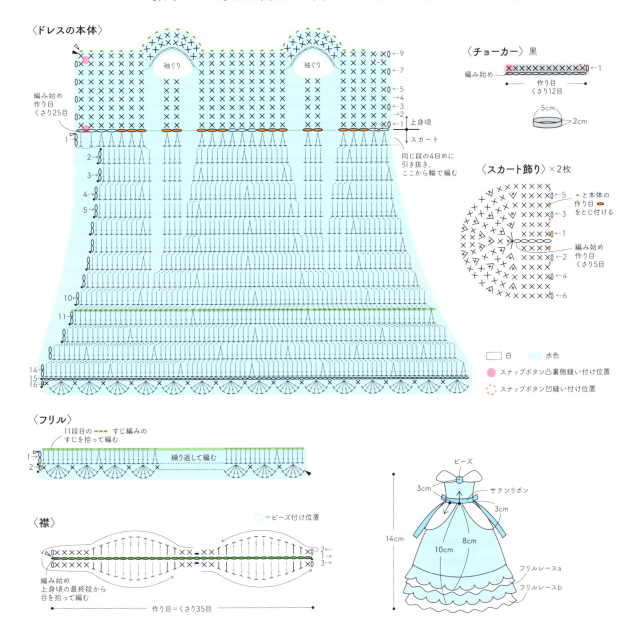

[糸] ハマナカ ウオッシュコットンクロッシェ《ラメ》
パニエ：白(401)7g
ヘッドドレス：水色(405)2g、白(401)2g
チョーカー：ハマナカ ウオッシュコットン
《クロッシェ》黒(120)2g

[針] かぎ針3/0号、とじ針、縫い針

[その他] スナップボタン(6mm)1個、
ビーズ(8mm)水色 1個、
縫い糸(水色、黒)少々

[作り方]
1. パニエを編む。くさり編み15目を輪にし(作り目)、股下になる1段目までを2枚編む。1枚目は編み終わりの糸を20cm残してカットする。
2. 股上を編む。股下の2枚目から続けて股上を編む。股下1枚目の残り糸をとじ針に通し、矢印の先の目を巻きかがりで合わせる。
3. フリルを付ける。4段目のすじ編みのすじを拾って1周全目にフリルを編む。7、10段目も同様にフリルを編む。
4. ヘッドドレスを編む。くさり編みの作り目から編み始め、編み図のとおりに本体とリボンを編む。リボンは編み終わりの糸を40cm残してカットし、残した糸でとじ針を使って組み立てる。縫い針を使ってビーズを縫い付ける。
5. チョーカーを編む(編み図はP.47)。くさり編み12目で作り目をして1段編む。縫い針でスナップボタンを縫い付ける。

〈パニエ〉白

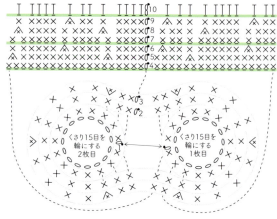

〈ヘッドドレス〉本体：水色 リボン：白

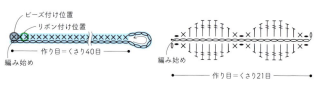
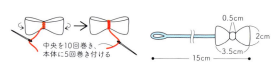

[糸] ガラスの靴：ハマナカ
ウオッシュコットン
クロッシェ《ラメ》
水色(405)8g
普段の靴：ハマナカ
純毛中細 ベージュ(3)5g

[針] かぎ針3/0号、とじ針

[作り方]
1. 底を編む。くさり編みの作り目から編み始め、3段目までを2枚編む。
2. ガラスの靴はヒールを編む。わの作り目から編み図のとおり4段目まで編み、編み終わりの糸を20cm残してカットし、綿を詰める。
3. 底2枚を外表に合わせ、引き抜き編みで(ガラスの靴はうち8目はヒールの目も拾いながら)編みつなぐ。編地を裏表に返し表目を外側にして、続けて側面を編む。
4. ガラスの靴は2で残した糸をとじ針に通し、ヒールの4目を底にとじ付ける。

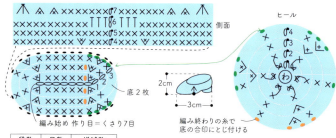
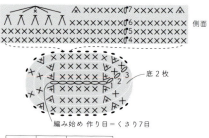

段数	目数	増減数
7	20目	－8目
5・6	28目	増減なし
4	28目	＋2目
3	26目	＋4目
2	22目	＋4目
1	くさり7目に細編み18目編み入れる	

段数	目数	増減数
4	12目	＋3目
3	9目	＋3目
2	6目	増減なし
1	わの作り目に細編み6目編み入れる	

段数	目数	増減数
7	15目	－6目
6	21目	－5目
4・5	26目	増減なし
3	26目	＋4目
2	22目	＋4目
1	くさり7目に細編み18目編み入れる	

[糸] ハマナカ 純毛中細　ボルドー(11)5g、ピンクベージュ(31)2g、ベージュ(3)2g
ハマナカ ウオッシュコットン《クロッシェ》白(101)　エプロン：3g、三角巾：6g

[針] かぎ針3/0号、とじ針、縫い針

[その他] スナップボタン(6mm)2個、縫い糸(ベージュ)少々、手芸用接着剤

[作り方]

1. 上身頃を編む。くさり編み26目で作り目をし、編み図のとおりに編む。12段目を表に折り返して襟を整え、接着剤でとめる。5段目のすじ編みのすじを拾って肩紐を編む。
2. スカートを編む。作り目の反対側から目を拾い、3段目から輪につないでスカートを編む。
3. エプロンを編む。くさり編み69目で作り目をし、編み図のとおりに1段編む。作り目の反対側から目を拾い、前掛けを編む。
4. 三角巾を編む。わの作り目から、編み図のとおりに23段目まで編む。続けて紐と縁編みを編む。

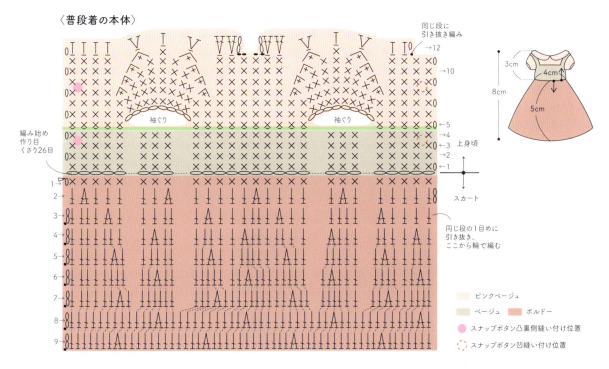

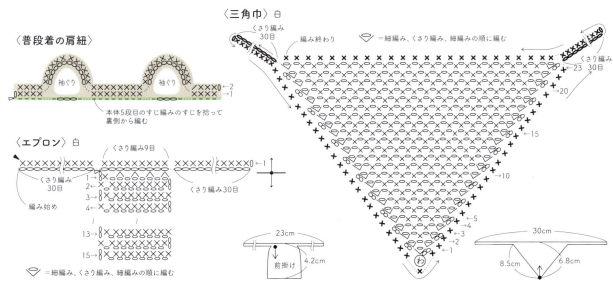

王子の服

[糸] ハマナカ ウオッシュコットン《クロッシェ》 ジャケット：白(101)10g、赤(145)2g、山吹(104)1g、ズボン：赤(145)8g、山吹(104)1g、靴：黒(120)5g

[針] かぎ針3/0号、とじ針、縫い針

[その他] スナップボタン(6mm)2個、縫い糸(白)少々

[作り方]

1. ジャケットの身頃を編む。くさり編みの作り目で肩から編み始め、18段目からセンターベントを作る。18段目の17、18目めはすじ編みを編み、続けて往復編みで24段目まで左身頃を編む。右身頃は左身頃の18段目17目めのすじ編みのすじに糸を付けて往復編みで24段目まで編む。
2. ジャケットの袖を編む。袖ぐりから13目拾って編む。
3. ジャケットを仕上げる。左身頃の前裾に白の糸を付け、襟まで前立てを1段編む。右身頃の前裾に赤の糸を付け、前立てと襟を縁編みする。くさり編みの作り目から肩飾り2枚とベルトを編む。編み終わりの糸を20cm残してカットしてとじ針に通し、指定の位置に縫い付け、縫い針でスナップボタンを縫い付ける。
4. ズボンを編む。シンデレラの「ドレスの小物」パニエの作り方1〜2(P.48)を参照し、P.50の編み図で編む。
5. 山吹の糸を80cmにカットし、とじ針を使って両サイドに刺しゅうする。
6. 靴を編む。シンデレラの「靴」作り方1、3(P.48)を参照して編む。

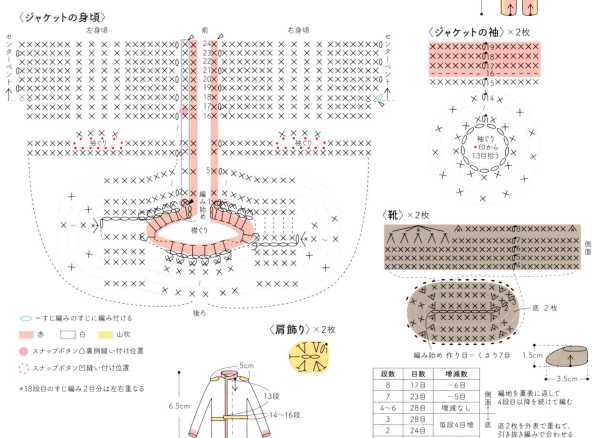

50

ネズミ

[糸] ハマナカ ピッコロ　グレー(33)5g、ピンク(4)2g、朱赤(26)1g
[針] かぎ針3/0号、とじ針
[その他] ハマナカ ネオクリーンわたわた(H405-401)4g、ハマナカ あみぐるみEYE ソリッドアイ 4mm(H221-304-1)1組、手芸用接着剤、ピンセット

[作り方]

1. パーツを編む。わの作り目から頭部、耳、手、しっぽを編み、編み終わりの糸を30cm残してカットする。
2. 頭部を仕上げる。頭部にピンセットなどで綿を詰め、とじ針を使って残した糸で最終段の目を拾ってしぼり止めする。ソリッドアイの足に接着剤を付けて差し込む。耳bの裏側に接着剤を付けて耳aの表側に付け、頭部にとじ付ける。とじ針を使って鼻と頬に刺しゅうする。
3. 足と胴体を編む。わの作り目から3段目まで足を2枚編み、くさり編み2目で2枚をつなげる。続けて編み図のとおりに胴体を編み、9段目で手を編みつなぎ、編み終わりの糸を30cm残してカットする。
4. 胴体に綿を詰め、とじ針を使って残した糸で頭部の8〜10段目にとじ付ける。しっぽを胴体に縫い付ける。
5. ベストを編む。くさり編み15目で作り目をし、編み図のとおり4段目まで編む。

〈頭部〉グレー

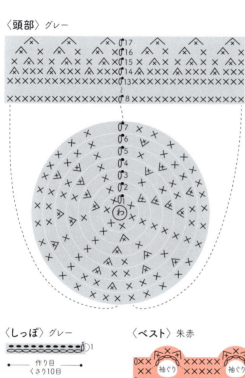

段数	目数	増減数
17	6目	毎段6目減
16	12目	
15	18目	
14	24目	
7〜13	30目	増減なし
6	30目	毎段6目増
5	24目	
4	18目	
3	12目	毎段3目増
2	9目	
1	わの作り目に細編み6目編み入れる	

〈手〉×2枚 グレー

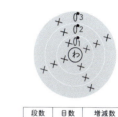

段数	目数	増減数
2・3	4目	増減なし
1	わの作り目に細編み4目編み入れる	

〈耳〉×各2枚

a グレー

段数	目数	増減数
3	18目	毎段6目増
2	12目	
1	わの作り目に細編み6目編み入れる	

〈しっぽ〉グレー

作り目　くさり10目

〈ベスト〉朱赤

作り目=くさり15目

b ピンク

段数	目数	増減数
2	12目	+6目
1	わの作り目に細編み6目編み入れる	

〈足〜胴体〉グレー

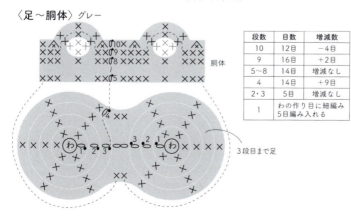

段数	目数	増減数
10	12目	-4目
9	16目	+2目
5〜8	14目	増減なし
4	14目	+9目
2・3	5目	増減なし
1	わの作り目に細編み5目編み入れる	

3段目まで足

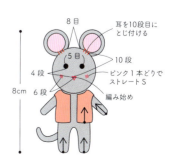

How to make. 4
アラジンと魔法のランプ [P.10、22]

人形本体

[糸] ハマナカ ピッコロ　サーモンピンク(28)各17g、白(1)各2g、こげ茶(17)各1g、
アラジンの髪：こげ茶(17)5g、**姫の髪**：こげ茶(17)7g
ハマナカ ウオッシュコットン《クロッシェ》薄黄(141)1g

[針] かぎ針4/0号、とじ針、縫い針

[その他] ハマナカ テクノロート(H204-593)140cm、ハマナカ ネオクリーンわたわた(H405-401)各13g、ラインストーンしずく型(14×9mm)緑 1個、石台座 1個、パールビーズ(直径3mm)8個、縫い糸(白)少々、ピンセット

[ゲージ] 15目15段＝5cm角

[作り方]

1. パーツを編む。くさり編みの作り目から頭部、足、耳を、わの作り目から手を、それぞれ編み図のとおりに編む。足以外は編み終わりの糸を30cm残してカットする。

2. 胴体を編む。足の1枚目に白糸を付け、くさり編み3目で2枚目の足とつなぐ。2枚目の編み終わりに白糸を付け、編み図のとおり20段目まで編む。

3. 組み立てる。テクノロートを二つ折りにし、それぞれの寸法で折り曲げてねじり、交点が首の位置になるよう綿と一緒に胴体と足に詰める。手の位置からテクノロートを出し、綿を詰めた手を被せ、とじ針を使って残した糸でとじ付ける。

4. 頭部にピンセットなどで綿を詰め、残した糸で胴体にとじ付け、頭部に耳をとじ付ける。

5. 顔を仕上げる。とじ針を使ってこげ茶の糸で顔に刺しゅうする。

6. 髪を編む。くさり編み15目で作り目をし、それぞれ編み図のとおりに編む。編み終わりの糸を50cm残してカットする。残した糸をとじ針に通し、●印に通してしぼり止めする。

7. 髪を頭部にかぶせてとじ付ける。姫は三つ編みをして編み終わりを共糸で結ぶ。

8. 髪飾りを編む。くさり編み16目で作り目をし3段編み、三つ編みの編み終わりに巻いてとじ付ける。石台座に固定したラインストーンとパールビーズを縫い針で顔に縫い付ける。

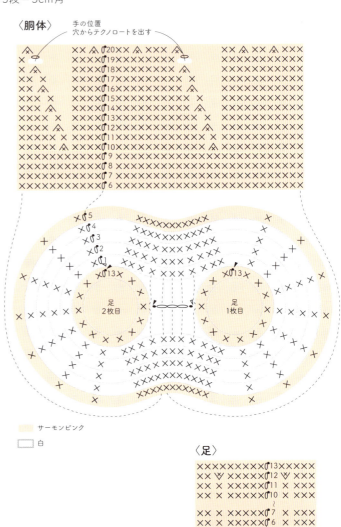

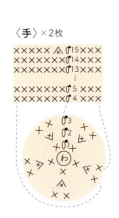

〈手〉×2枚

段数	目数	増減数
15	9目	−1目
3〜14	10目	増減なし
2	10目	+6目
1	わの作り目に細編み5目編み入れる	

〈耳〉×2枚

〈足〉

段数	目数	増減数
13	14目	増減なし
12	14目	+6目
5〜11	12目	増減なし
4	12目	−2目
3	14目	−2目
2	16目	
1	くさり4目に細編み10目編み入れる	

編み始め
作り目＝くさり4目

□ サーモンピンク
□ 白

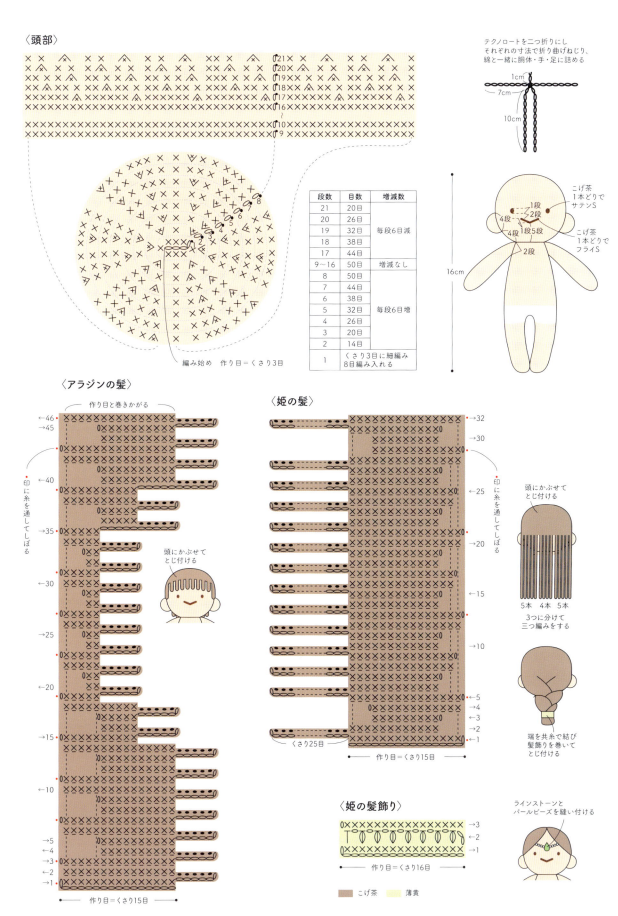

アラジンの服

[糸] ハマナカ ウオッシュコットン《クロッシェ》
ズボン：エメラルド(142)7g、黄(104)2g
ターバン：白(101)8g
ベスト：オレンジ(140)3g、黄(104)1g
靴：オレンジ(140)2g

[針] かぎ針3/0号、とじ針

[その他] ラインストーン しずく型(14×9mm)
青 1個、手芸用接着剤

[作り方]

1. ズボンを編む。くさり編み21目(作り目)を輪にし、編み図のとおりに股下(10段目まで)を2枚編む。このとき、1枚目の編み終わりの糸は20cm残してカットする。2枚目は糸を切らずに休ませておく。
2. 1枚目で残した糸をとじ針に通し、まち部分(↔)の矢印の先の目を巻きかがる。2枚目の休ませておいた糸で続けて股上を編む。
3. ターバンを編む。編み始めの糸を30cm残してくさり編み50目で作り目をし、編み図のとおりに編む。編み始めの糸を●印に通してしぼり止めする。頭部にかぶせ、残した糸をとじ針に通し、後ろをとじ付ける。しぼり止めした部分にラインストーンを接着剤で付ける。
4. ベストを編む。くさり編み50目で作り目をし、編み図のとおりに編む。
5. 靴を編む。くさり編み5目で作り目をし、6段目まで編む。同じものをもう1枚編む。

〈ターバン〉

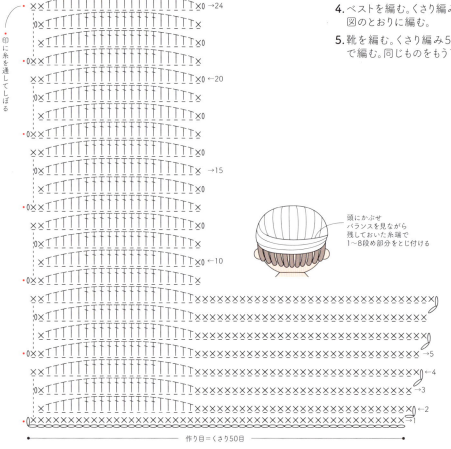

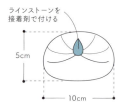

〈ベスト〉

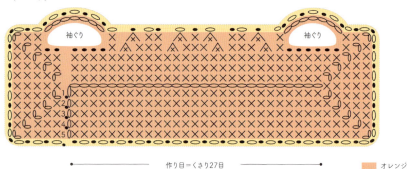

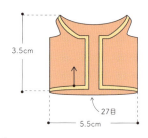

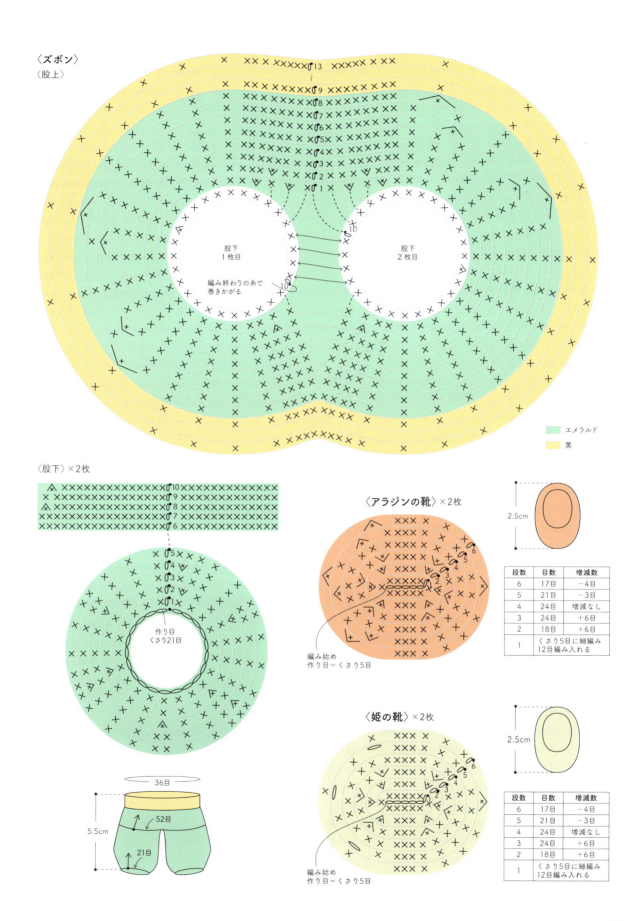

姫の服

[糸] ハマナカ ウオッシュコットン《クロッシェ》
ズボン：水色(135)8g、薄黄(141)2g
トップス：水色(135)3g、薄黄(141)1g
靴：薄黄(141)2g

[針] かぎ針3/0号、とじ針、縫い針

[その他] トップス：ビーズ(5mm)クリア 2個、
縫い糸(白)少々

[作り方]

1. ズボンを編む。「アラジンの服」の作り方1〜2 (P.54)を参照し、P.56の編み図で編む。
2. 股下それぞれの作り目の反対側から目を拾い、薄黄の糸で裾を1段編む。
3. トップスを編む。くさり編み36目で作り目をし、5段目まで身頃を編む。袖ぐりから19目拾って袖を編む。縫い針を使ってビーズを縫い付ける。
4. 靴を編む(編み図はP.55)。くさり編み5目で作り目をし、6段目まで編む。同じものをもう1枚編む。

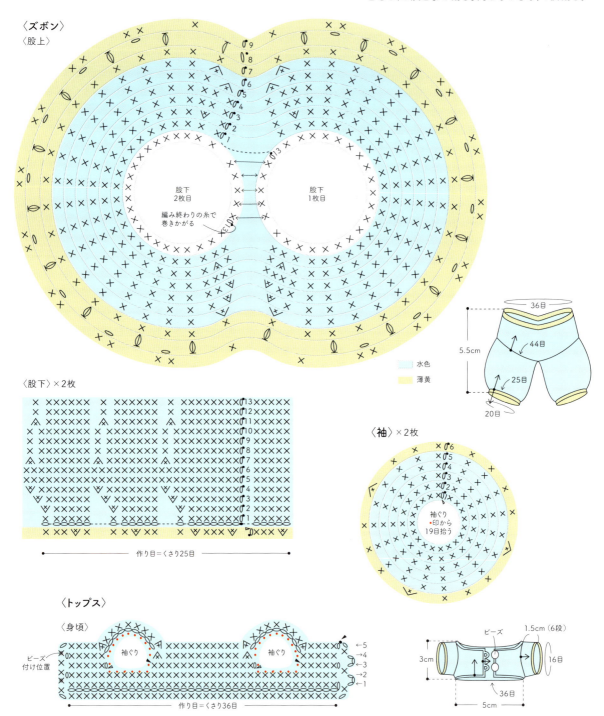

A：ランプの魔人・B：ゆびわの魔人

[糸] ハマナカ ウオッシュコットン《クロッシェ》A：水色(135)8g、黄(104)1g、白(101)3g、紫(147)3g
B：グリーン(108)8g、黄(104)1g、白(101)3g、オレンジ(140)3g

[針] かぎ針3/0号、とじ針

[その他] ハマナカ ネオクリーンわたわた(H405-401)各6g、ピンセット、
ラインストーン A：しずく型(8×5mm)赤 1個、B：長方形(8×5mm)緑 1個、手芸用接着剤

[作り方]

1. 本体と手を編む。わの作り目からそれぞれ編み図のとおりに編み、本体はピンセットなどで綿を詰めて最終段に糸を通してしぼり止めする。手の先に綿を詰め、とじ針を使って残した糸で本体にとじ付ける。とじ針を使って白糸で顔に刺しゅうする。

2. ベストを編む。くさり編み38目で作り目をし、編み図のとおりに編む。本体に着せて両手を前で結ぶ。

3. ターバンを編む。わの作り目から編み図のとおりに6段目まで編む。綿を詰めながら、編み終わりの糸で指定の位置にとじ付け、ラインストーンを接着剤で付ける。

〈本体〉

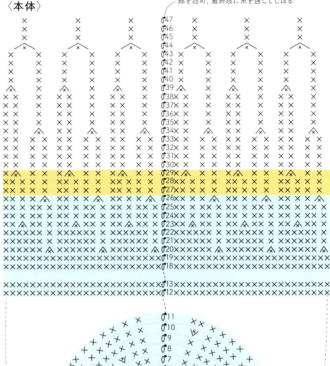

段数	目数	増減数
20	42目	−6目
11〜19	48目	増減なし
10	48目	+6目
9	42目	増減なし
8	42目	+6目
7	36目	増減なし
6	36目	毎段6目増
5	30目	
4	24目	
3	18目	
2	12目	
1	わの作り目に細編み6目編み入れる	

段数	目数	増減数
45〜47	6目	増減なし
44	6目	−6目
40〜43	12目	増減なし
39	12目	−6目
35〜38	18目	増減なし
34	18目	−6目
30〜33	24目	増減なし
29	24目	−6目
27・28	30目	増減なし
26	30目	−6目
24・25	36目	増減なし
23	36目	−6目
21・22	42目	増減なし

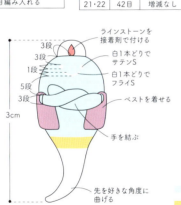

〈手〉×2枚
A：水色 B：グリーン

〈ベスト〉A：紫 B：オレンジ

段数	目数	増減数
7〜15	6目	増減なし
6	6目	−3目
3〜5	9目	増減なし
2	9目	+3目
1	わの作り目に細編み6目編み入れる	

〈ターバン〉白

段数	目数	増減数
4〜6	18目	増減なし
3	18目	+6目
2	12目	+6目
1	わの作り目に細編み6目編み入れる	

[糸] ハマナカ ウオッシュコットン《クロッシェ》
　　じゅうたん：紫(147)7g、薄黄(141)4g、
　　　　　　　　 オレンジ(139)3g
　　ゆびわ：黄(104)1g、エメラルド(142)1g
　　ランプ：黄(104)2g
[針] かぎ針3/0号、とじ針
[その他] ハマナカ ネオクリーンわたわた
　　　　 （H405-401)1g、ピンセット

[作り方]
1. じゅうたんを編む。くさり編み11目で作り目をし、編み図のとおりに編む。タッセルを4個作り、とじ針を使って四隅に縫い付ける。
2. ゆびわを編む。くさり編み19目(作り目)を輪にし、編み図のとおりにリングを1段編む。わの作り目から編み図のとおりに宝石を4段目まで編み、リングにとじ付ける。
3. ランプを編む。くさり編みとピコットの作り目から本体を編み、7段目まで編んだら針を休めてピンセットなどで綿を詰め、続けて最後まで編む。くさり編みの作り目から持ち手、注ぎ口をそれぞれ編み図のとおりに編む。編み終わりの糸を20cm残してカットし、とじ針を使って残した糸で本体にとじ付ける。

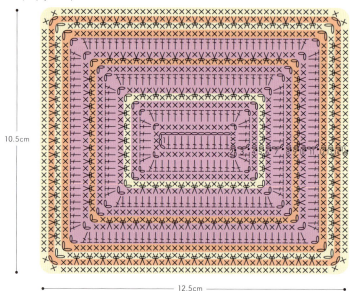

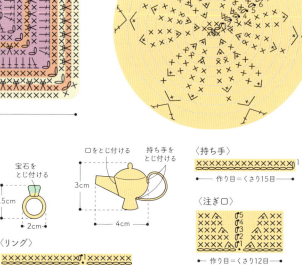

How to make. 5
白雪姫 [P.12、24]

人形本体

[糸] ハマナカ ピッコロ イエローベージュ(45)各15g、ペチパンツ：白(1)各3g
　　ハマナカ ウオッシュコットン 白雪姫の髪：黒(13)8g、魔女の髪：生成り(2)8g
[針] 人形本体：かぎ針3/0号、髪・ペチパンツ：4/0号、とじ針
[その他] ハマナカ テクノロートL（H430-058)各52cm、ハマナカ ネオクリーン
　　　　 わたわた(H405-401)各5g、頬紅 少々、手芸用接着剤、綿棒、ピンセット、
　　　　 セロハンテープ、ハマナカ あみぐるみEYE ソリッドアイ
　　　　 白雪姫：ブラック6mm(H221-306-1)1組
　　　　 魔女：ブラック5mm(H221-305-1)1組
[ゲージ] 人形：14目15段＝5cm角

[作り方]
1. 本体を編む。3/0号針を使い、わの作り目から頭部、首、胴体を続けて編み図のとおりに編む。
2. 手、足を編む。手はわの作り目から、足はくさり編み5目で作り目をし、編み図のとおりに編む。編み終わりの糸を25cm残してカットする。
3. テクノロートLを22cm(手用)と30cm(足用)にカットし、先をねじりセロハンテープでとめる。
4. 胴体、手先、足先と太ももにピンセットなどで綿を詰め、図を参照してテクノロートを通す。手と足の残した糸をとじ針に通し、巻きかがりで胴体に合わせる。
5. 顔を仕上げる。魔女は鼻を編み、指定の位置に縫い付ける。白雪姫はとじ針を使って鼻を刺しゅうする。ソリッドアイの足に接着剤を付け、それぞれ指定の位置に差し込む。綿棒で軽く頬紅を付ける。
6. 髪を4/0号針を使って編む。
   白雪姫:編み始めの糸を30cm残してくさり編み3目で作り目をし、編み図のとおりに編む。編み終わりの糸を30cm残してカットし、とじ針を使って指定の位置に縫い付ける。
   魔女:わの作り目から髪の土台を編み、編み終わりの糸を30cm残してカットする。生成りの糸をカットし、3本1セットにして髪の土台に植毛(P.32、33参照)する。残した糸をとじ針に通し、頭部に縫い付ける。
7. ペチパンツを編む。4/0号針を使い、くさり編み18目を輪にし(作り目)、編み図のとおりに6段目まで編む。7段目から右足を輪につないで9段目まで編み、糸を切る。指定の位置に糸を付けて左足を同様に編む。

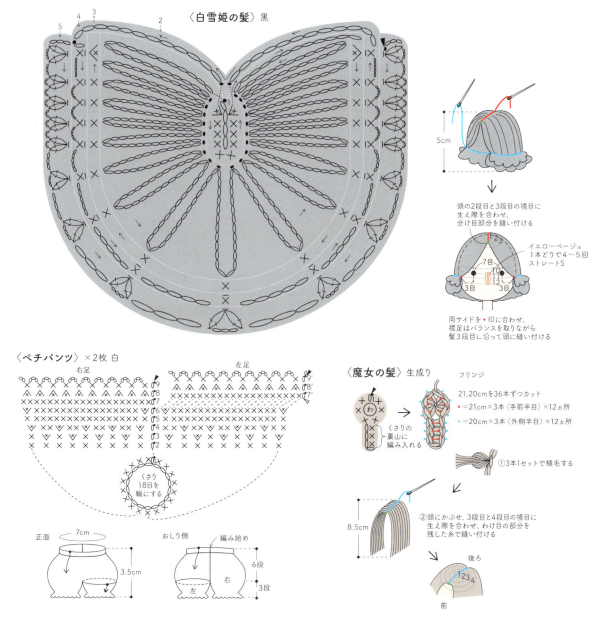

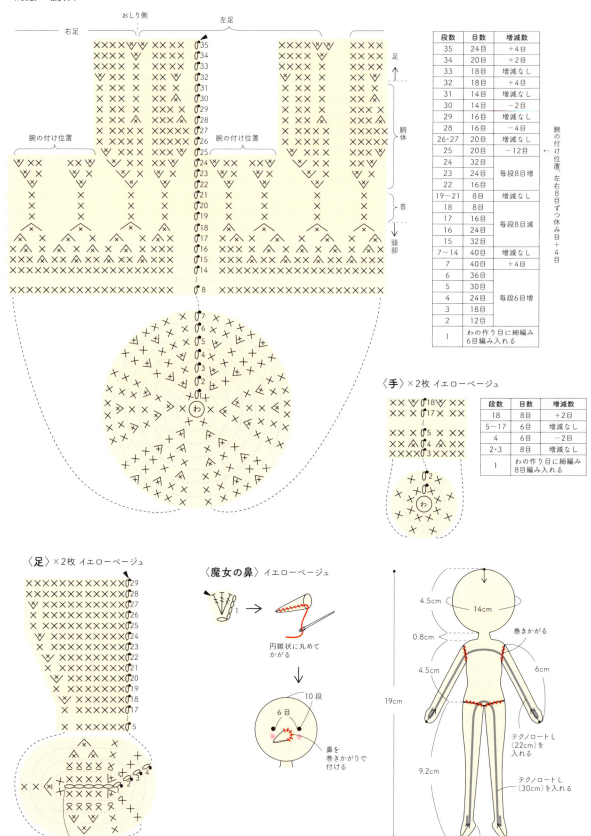

白雪姫の服

[糸] ハマナカ ウオッシュコットン《クロッシェ》白(101)3g
ハマナカ アメリーエフ《合太》　ドレス：ロイヤルブルー(527)2g、ライトブルー(512)1g、クリムゾンレッド(508)1g、クリームイエロー(502)15g
マント：クリムゾンレッド(508)6g、リボンカチューシャ：クリムゾンレッド(508)2g

[針] かぎ針4/0号、3/0号、とじ針 縫い針

[その他] スナップボタン(6mm)3組、縫い糸(青、黄)、ハマナカ テクノロートL（H430-058）11cm、セロハンテープ、手芸用接着剤

[作り方]

1. ドレス本体を編む。4/0号針を使ってくさり編み21目で作り目をし、15段目までは往復編み、16段目から輪につないで模様編みする。26段目で3/0号針に変え、続けて編み図のとおりに編む。
2. 襟を編む。3/0号針を使い、作り目の反対側から目を拾って編む。
3. 袖を編む。4/0号針を使い、袖ぐりから24目拾って4段目まで編み、3/0号針に変えて5段目を編む。
4. とじ針を使って胸元に刺しゅうをする。縫い針で指定の位置にスナップボタンを縫い付ける。
5. マントを編む。4/0号針を使ってくさり編み11目で作り目をし、編み図のとおりに本体を13段目まで編む。結び紐はくさり35目を編み、作り目に引き抜き編みでつなぎ、続けてくさり35目を編む。編み始めと編み終わりに接着剤を付け、乾いたら余分をカットする。
6. リボンカチューシャを編む。3/0号針を使ってくさり編みの作り目からリボンとカチューシャを編む。編み終わりの糸を30cm残してカットする。リボンの残した糸をとじ針に通し、両サイドを中央で縫い合わせる。
7. テクノロートLを11cmにカットし、図を参照して両端を曲げて固定する。カチューシャの残した糸をとじ針に通し、作り目と最終段を巻きかがり、テクノロートをくるむ。
8. カチューシャを頭の形に合わせてカーブさせ、とじ針を使ってリボンの編み終わりの糸で中央に縫い付ける。

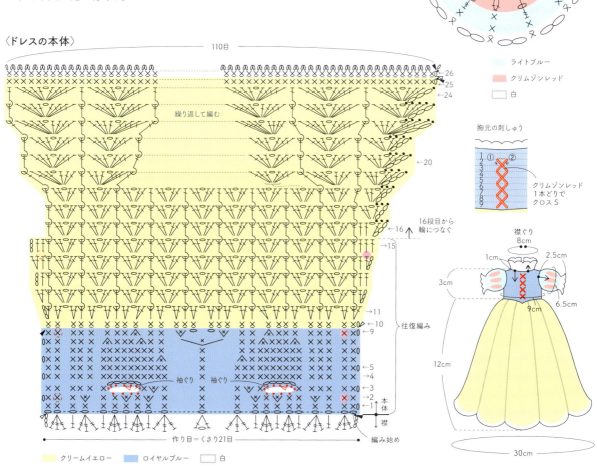

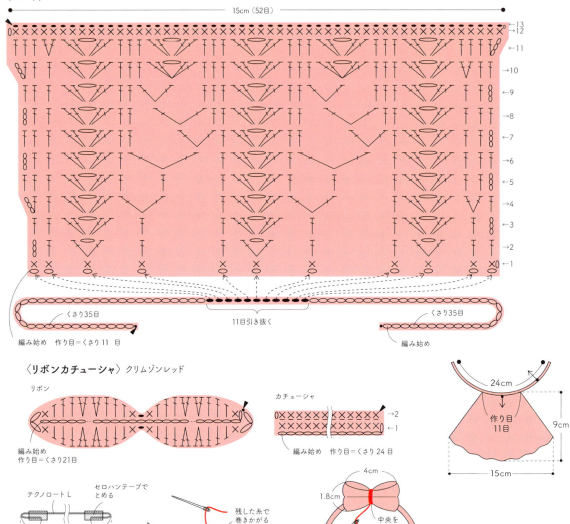

靴

[糸] ハマナカ アメリーエフ《合太》 クリームイエロー(502)2g
ハマナカ ウオッシュコットン《クロッシェ》 白(101)1g

[針] かぎ針3/0、2/0号、とじ針

[作り方]
1. 本体を編む。3/0号針を使い、くさり編み7目で作り目をし、編み図のとおりに編む。
2. 飾り花を編む。2/0号針を使い、白糸でわの作り目から編み図のとおりに編む。編み終わりの糸を20cm残してカットする。残した糸をとじ針に通し、指定の位置に縫い付ける。

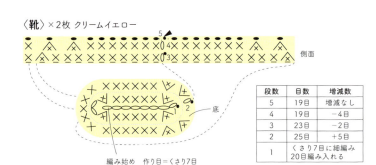

段数	目数	増減数
5	19目	増減なし
4	19目	−4目
3	23目	−2目
2	25目	+5目
1	くさり7目に細編み20目編み入れる	

〈飾り花〉×2枚 白

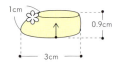

[糸] ハマナカ アメリーエフ《合太》
ローブ：ブラック(524)25g、
キャメル(520)少々、
とんがり靴：キャメル(520)2g

[針] かぎ針4/0号、3/0号、とじ針、縫い針

[その他] スナップボタン(6mm)1組、手芸用接着剤、縫い糸(黒)少々

[作り方]
1. ローブの身頃を編む。4/0号針でくさり23目で作り目をし、編み図のとおりに編む。
2. フードを編む。作り目の反対側から目を拾って16段目まで編む。編み終わりの糸を40cm残してカットする。残した糸をとじ針に通し、中央で二つ折りして外側半目の巻きかがりでとじ合わせる。右裾に糸を付け、縁編みを編む。
3. 袖を編む。袖ぐりから16目を拾って9段編む。
4. 縫い針でスナップボタンを指定の位置に縫い付ける。
5. 腰紐を編む。3/0号針でくさり100目を編み、編み始めと編み終わりに接着剤を付け、乾いたら余分をカットする。
6. とんがり靴を編む。3/0号針でくさり編み10目で作り目をし、編み図のとおりに編む。

リンゴ(4個分)、バスケット

[糸] ハマナカ アメリーエフ《合太》 クリムゾンレッド(508)5g
ハマナカ エコアンダリヤ《クロッシェ》 ナチュラル(803)4g

[針] かぎ針3/0号、とじ針

[その他] ハマナカ ネオクリーンわたわた(H405-401)少量、ピンセット

[作り方]
1. リンゴを編む。わの作り目から編み図のとおりに9段目まで編む。編み終わりの糸を20cm残してカットする。
2. ピンセットなどで綿を詰め、残した糸をとじ針に通してしぼり止めをする。図を参照して形を整える。
3. ヘタを付ける。ナチュラルの糸を15cmにカットしてとじ針に通し、中央上側から針を入れる。糸端を1cm残して中央を上下2往復し、縫い終わりを上に出して1cmでカットする。
4. バスケットを編む。わの作り目から編み図のとおりに8段目まで編む。6段目は4段目の向こう半目に編み入れる。持ち手を編み、編み終わりの糸を20cm残してカットしてとじ針に通し、指定の位置に縫い付ける。

〈リンゴ〉クリムゾンレッド

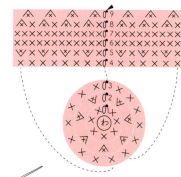

段数	目数	増減数
9	7目	−7目
8	14目	−7目
6・7	21目	増減なし
5	21目	+7目
3・4	14目	増減なし
2	14目	+7目
1	わの作り目に細編み7目編み入れる

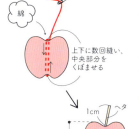

〈バスケット〉ナチュラル

段数	目数	増減数
7・8	40目	増減なし
6	40目	+4目
5	36目	増減なし
4	36目	+8目
3	28目	+8目
2	20目	+12目
1	わの作り目に細編み8目編み入れる

〈とんがり靴〉×2枚 キャメル

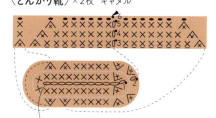

〈持ち手〉ナチュラル

作り目=くさり20目

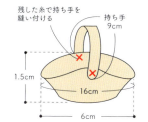

段数	目数	増減数
6	15目	増減なし
5	15目	−2目
4	17目	−2目
3	19目	−3目
2	22目	−2目
1	くさり10目に細編み24目編み入れる

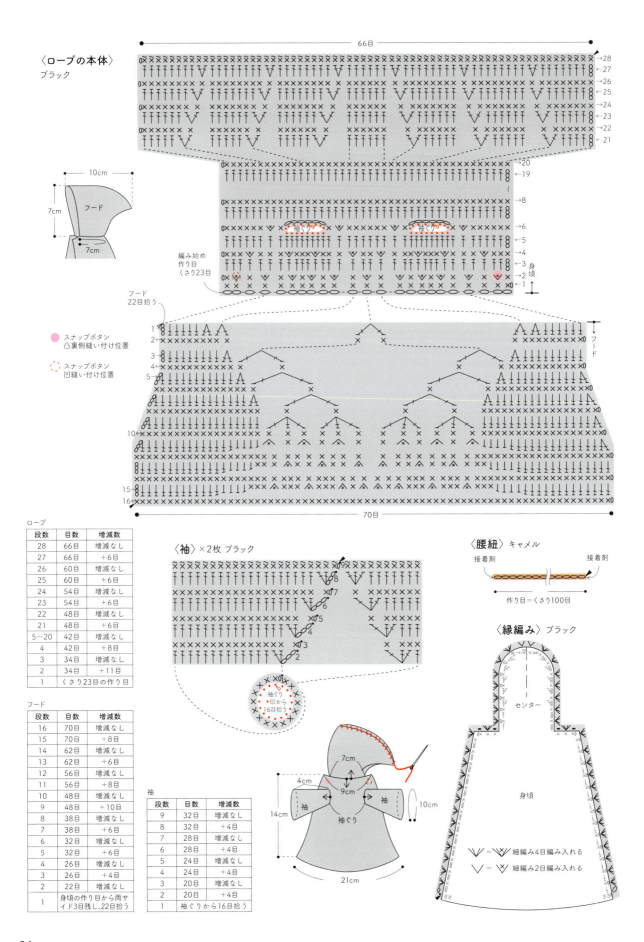

リス

- [糸] ハマナカ アメリーエフ《合太》 マリーゴールドイエロー(503)8g、キャメル(520)2g、ナチュラルホワイト(501)2g、クリムゾンレッド(508)1g
- [針] かぎ針3/0号、とじ針
- [その他] ハマナカ あみぐるみEYE ソリッドアイ ブラック4mm(H221-304-1)1組、ハマナカ ネオクリーンわたわた(H405-401)3g、ハマナカ テクノロートL(H430-058)25cm、セロハンテープ、手芸用接着剤、頬紅、綿棒、ピンセット

[作り方]

1. 本体を編む。くさり編み3目で作り目をし、編み図のとおりに編み、4段目以降は往復編みで22段目まで編む。23段目から左足を輪につないで28段目まで編み、23段目に糸を付けて右足を編み、ピンセットなどで綿を詰める。
2. 足を編む。わの作り目から編み図のとおりに前足と後ろ足を各2枚編む。前足は編み終わりの糸を30cm残してカットし、綿を詰め、とじ針を使って残した糸でしぼり止めする。
3. 後ろ足は編み終わりの糸を20cm残してカットし、綿を詰める。
4. しっぽを編む。くさり28目で作り目をし、編み図のとおり5段目までを2枚編む。このとき2枚目は糸を切らずに休ませ、2枚を外表に合わせたら、続けて外側半目同士を引き抜き編みで合わせる。終わりの糸を30cm残してカットする。
5. テクノロートLを25cmにカットし、4に綿と一緒に詰める。
6. 組み立てる。おしり側の20段目にしっぽから出ているテクノロートの両端を差し込み、とじ針を使って残した糸でとじ付ける。前足は可動できるように13段目で胴体に針を通して両脇に縫いとめる。後ろ足は残した糸で巻きかがる。
7. 蝶ネクタイを編む。くさり9目で作り目をし、編み図のとおりに編む。編み終わりの糸を30cm残してカットしてとじ針に通し、両サイドを中央で縫い合わせ、首の下に縫い付ける。
8. 顔を仕上げる。マリーゴールドイエローの糸で鼻を刺しゅうする。ソリッドアイの足に接着剤を付け、差し込む。綿棒で軽く頬紅を付ける。

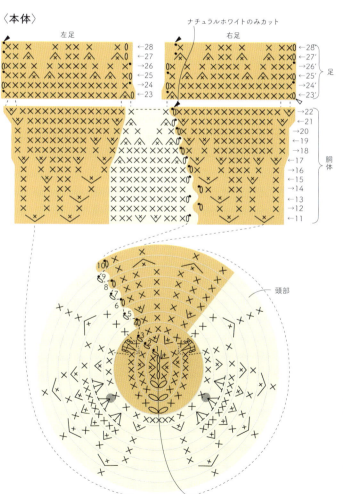

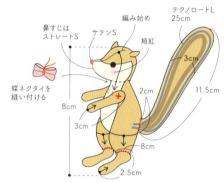

〈しっぽ〉

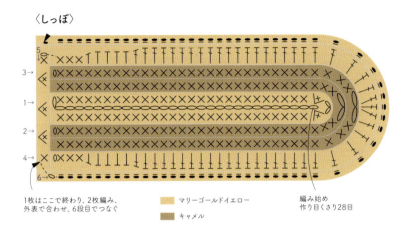

1枚はここで終わり、2枚編み、外表で合わせ、6段目でつなぐ

■ マリーゴールドイエロー
■ キャメル

編み始め
作り目くさり28目

〈蝶ネクタイ〉 クリムゾンレッド

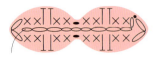

編み始め
作り目くさり9目

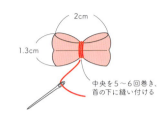

中央を5〜6回巻き、首の下に縫い付ける

How to make. 6
長靴をはいた猫 [P.14、26]

猫

[糸] ハマナカ アメリーエフ《合太》 グレー(523)13g、ナチュラルホワイト(501)8g

[針] かぎ針4/0号、とじ針

[その他] ハマナカ テクノロート(H204-593)40cm（20cm×2本にカット）、ハマナカ あみぐるみEYE キャッツアイ ゴールド 9mm(H220-209-8)1組、ハマナカ ネオクリーンわたわた(H405-401)8g、フェルト(茶色)少々、手芸用接着剤、ピンセット

[ゲージ] 6目6段＝2cm角

[作り方]

1. 基本の作り方は「赤ずきん人形本体」の作り方1〜4(P.34)を参照。各パーツはP.66、67の編み図で編む。

2. 耳を付ける。とじ針を使って残した糸で頭部に縫い付ける。

3. 鼻を付ける。茶色のフェルトをカットして指定の位置に接着剤で付ける。鼻を挟むようにマズルを配置し、とじ針を使って残した糸で縫い付ける。残り3分の1くらいになったら綿を少し詰め、最後まで縫う。

4. 顔を仕上げる。あみぐるみEYEの足に接着剤を付けて差し込む。とじ針を使ってマズルに髭を刺し、指に接着剤を少量付けて髭全体になじませる。口を刺しゅうする。

〈胴体〉

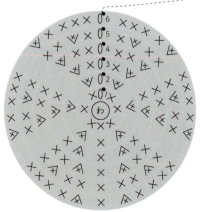

■ グレー　□ ナチュラルホワイト

段数	目数	増減数
20	20目	増減なし
19	20目	−3目
18	23目	増減なし
17	23目	−4目
16	27目	増減なし
15	27目	−4目
14	31目	増減なし
13	31目	−6目
7〜12	37目	増減なし
6	37目	毎段6目増
5	31目	
4	25目	
3	19目	
2	13目	
1	わの作り目に細編み7目編み入れる	

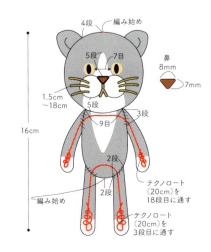

〈頭部〉

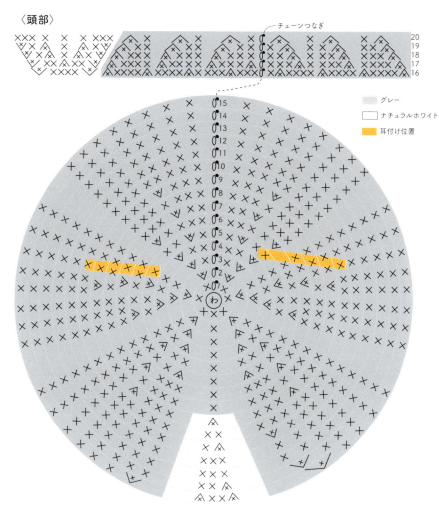

段数	目数	増減数
20	20目	毎段6目減
19	26目	
18	32目	
17	38目	
16	44目	
10〜15	50目	増減なし
9	50目	+7目
8	43目	増減なし
7	43目	毎段6目増
6	37目	
5	31目	
4	25目	
3	19目	
2	13目	
1	わの作り目に細編み7目編み入れる	

■ グレー
□ ナチュラルホワイト
■ 耳付け位置

〈耳〉×2枚　グレー

段数	目数	増減数
6	15目	増減なし
5	15目	+3目
4	12目	増減なし
3	12目	+6目
2	6目	増減なし
1	わの作り目に細編み6目編み入れる	

〈足〉×2枚

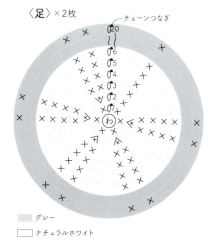

■ グレー
□ ナチュラルホワイト

段数	目数	増減数
3〜20	11目	増減なし
2	11目	+5目
1	わの作り目に細編み6目編み入れる	

〈手〉×2枚

■ グレー
□ ナチュラルホワイト

段数	目数	増減数
7〜20	8目	増減なし
6	8目	−2目
3〜5	10目	増減なし
2	10目	+5目
1	わの作り目に細編み5目編み入れる	

〈マズル〉×2枚
ナチュラルホワイト

段数	目数	増減数
3	12目	毎段3目増
2	9目	
1	わの作り目に細編み6目編み入れる	

猫の服

[糸] ハマナカ アメリーエフ《合太》 ベスト：ピーコックグリーン(515)5g
かぼちゃパンツ：キャメル(520)5g、パープルヘイズ(511)1g
マフラー：ナチュラルホワイト(501)1g
マント：ハマナカ アメリーエフ《ラメ》赤(610)7g

[針] かぎ針4/0号、5/0号、とじ針、縫い針

[その他] 革リボン(5mm)ブラウン 20cm、バックル(5.5mm)1個、ボタン(12mm)緑 1個、リボン(1cm)焦茶 33cm、縫い糸(緑)少々、手芸用接着剤

[作り方]

1. 5/0号針を使い、ベストを編む。くさり編み36目で作り目をし、編み図のとおりに18段目まで編み、肩の3段を巻きはぎでつなげる。両脇に各1段、片側は途中でボタンホールを編みながら縁編みを編む。縫い針で指定の位置にボタンを縫い付ける。

2. 4/0号針を使い、かぼちゃパンツを編む。くさり編み35目(作り目)を輪にし、編み図のとおりに8段目まで股上を編む。続けてくさり2目を編み、前中心に引き抜いて右足を編む。股下のくさり編み2目の後ろ中心に糸を付け、左足を編む。

3. ベルトを作る。バックルに革リボンを通し、端を3mm折り返して、接着剤で固定する。

4. 5/0号針を使い、マントを編む。くさり編み35目で作り目をし、編み図のとおりに14段目まで編み、続けて細編みで縁編みを編む。指定の位置にリボンを通す。

5. 4/0号針を使い、マフラーを編む。くさり編み40目で作り目をし、編み図のとおりに編む。自然にツイストするので、そのまま使う。

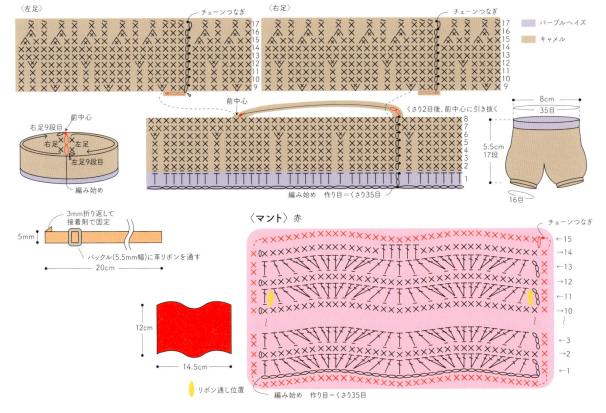

[糸] ハマナカ アメリーエフ《合太》
帽子：フォレストグリーン(518)6g、
マリーゴールドイエロー(503)2g
ブーツ：ブラウン(519)3g、
グレイッシュローズ(525)1g
サーベル：グレージュ(522)1g
[針] かぎ針4/0号、とじ針
[その他] ハマナカ ネオクリーンわたわた
(H405-401)少々、竹串(10cm)、
手芸用接着剤、ピンセット

[作り方]
1. 帽子を編む。わの作り目から編み図のとおりに23段目まで本体を編む。くさり編み40目(作り目)を輪にし、編み図のとおりに帯を編む。くさり編みの作り目から飾りA、Bを編み、自然にツイストした状態のままBを半分に折ってAと合わせる。
2. 本体の指定の位置に帯と飾りを接着剤で固定し、帽子の真ん中をへこませる。
3. ブーツを編む。くさり編み6目で作り目をし、編み図のとおり13段目まで編む。編み地を裏表に返し、14段目はすじ編みをし、続けて逆方向のまま編み図のとおりに16段目まで編む。足の甲を巻きかがる。つま先にピンセットなどで綿を詰め、形を整える。14段目で入れ口を外側に折り曲げる。
4. サーベルを編む。わの作り目はしぼらず、編み図のとおりに4段目まで柄を編む。竹串に接着剤を塗り、毛糸を端から端まで巻き付け、わに通して作り目をしぼり、接着剤で柄を固定する。

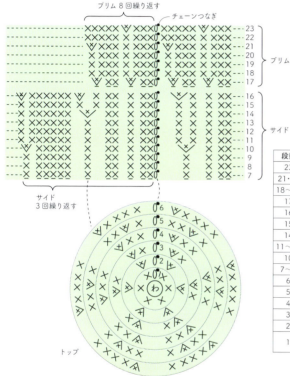

〈帽子飾り〉
マリーゴールドイエロー

〈帽子帯〉
マリーゴールドイエロー

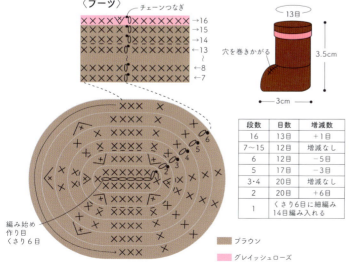

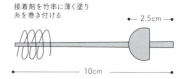

〈サーベル〉グレージュ

王様

[糸] ハマナカ アメリーエフ《合太》ベージュ(529)17g
　　 ハマナカ ソノモノ アルパカブークレ 生成り(151)7g
[針] かぎ針7/0号、4/0号、とじ針
[その他] ハマナカ テクノロート(H204-593)35cm
(20cm(手用)と15cm(足用)にカット)、
ハマナカ プラスチックアイ ブラック 6mm
(H430-301-6)2個、ハマナカ ネオクリーン
わたわた(H405-401)12g、フェルト(白)少々、
手芸用接着剤、ピンセット
[ゲージ] 6目6段=2cm角

[作り方]

1. 基本の作り方は「赤ずきん人形本体」の作り方 1〜4 (P.34)を参照。4/0号針を使い、各パーツはP.70、71の編み図で編む。

2. 7/0号針を使い、生成りの糸で髪と髭を編む。髪のパーツA、Bを編み、巻きかがりで合わせる。Bの巻きかがりしていない部分を前髪にして、頭部の指定の位置に縫い付ける。くさり編みの作り目から髭を編む。

3. 鼻と髭を付ける。鼻に少し綿を詰め、とじ針を使って残した糸で縫い付ける。続けて二つ折りにした髭をとじ付ける。

4. 顔を仕上げる。とじ針を使って眉を刺しゅうする。白のフェルトを直径7mmの円形にカットし、穴をあけてプラスチックアイを差し込み、指定の位置に縫い付ける。

〈頭部〉ベージュ

段数	目数	増減数
22	25目	毎段6目減
21	31目	
20	37目	
19	43目	
10〜18	49目	増減なし
9	49目	+6目
8	43目	増減なし
7	43目	
6	37目	毎段6目増
5	31目	
4	25目	
3	19目	
2	13目	
1	わの作り目に細編み7目編み入れる	

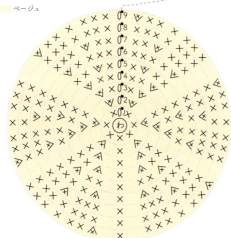

〈髪〉生成り

24目巻きかがる

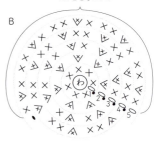

〈髭〉生成り

編み始め　作り目=くさり8目

段数	目数	増減数
5	24目	-4目
4	28目	毎段7目増
3	21目	
2	14目	
1	わの作り目に細編み7目編み入れる	

〈胴体〉ベージュ

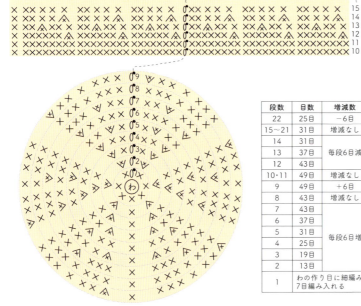

段数	目数	増減数
22	25目	-6目
15〜21	31目	増減なし
14	31目	毎段6目減
13	37目	
12	43目	
10・11	49目	増減なし
9	49目	+6目
8	43目	増減なし
7	43目	
6	37目	毎段6目増
5	31目	
4	25目	
3	19目	
2	13目	
1	わの作り目に細編み7目編み入れる	

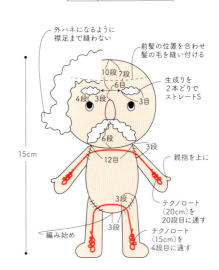

70

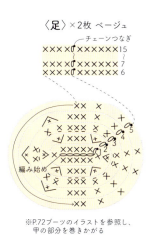

〈足〉×2枚 ベージュ

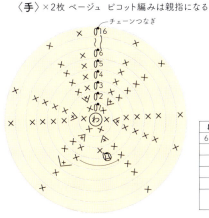

〈手〉×2枚 ベージュ　ピコット編みは親指になる

〈鼻〉ベージュ

段数	目数	増減数
6〜16	10目	増減なし
5	10目	毎段1目減
4	11目	増減なし
3	12目	増減なし
2	12目	+6目
1	わの作り目に細編み6目編み入れる	

段数	目数	増減数
4	4目	−2目
2・3	6目	増減なし
1	わの作り目に細編み6目編み入れる	

※P.72ブーツのイラストを参照し、甲の部分を巻きかがる

王様の服

[糸] ハマナカ アメリーエフ《合太》
　　ベスト：グレイッシュローズ(525)4g、グレー(523)1g
　　かぼちゃパンツ：マリーゴールドイエロー(503)6g、パープルヘイズ(511)1g
　　マント：ハマナカ アメリーエフ《ラメ》　紺(608)8g
　　ハマナカ ソノモノ アルパカブークレ　生成り(151)4g

[針] かぎ針4/0号、5/0号、7/0号、とじ針、縫い針

[その他] 革リボン(5mm)パープル 24cm、バックル(5.5mm)1個、
　　　　パールビーズ(8mm)2個、縫い糸(紺、黄)少々、手芸用接着剤

[作り方]
1. 5/0号針を使い、ベストを編む。くさり編み44目で作り目をし、編み図のとおりに13段目まで編み、肩の2目、合印同士を巻きはぎでつなげる。肩をはぎ合わせた部分も拾って縁編みを1周編む。
2. 4/0号針を使い、かぼちゃパンツを編む。「猫の服」の作り方2(P.68)を参照し、P.72の編み図で編む。図を参照してベルトを作る。
3. マントを編む。5/0号針を使い、くさり編み41目で作り目をし、編み図のとおり11段目まで編む。7/0号針に変え、生成りの糸で縁編みを編む。
4. 糸を付け、くさり編み15目でループを編み、縫い針を使ってパールビーズを縫い付ける。

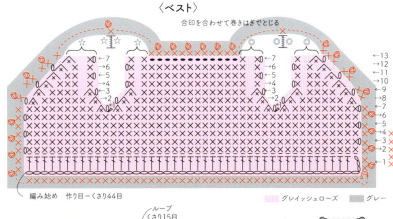

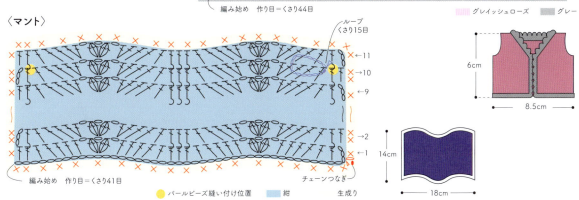

〈かぼちゃパンツ〉

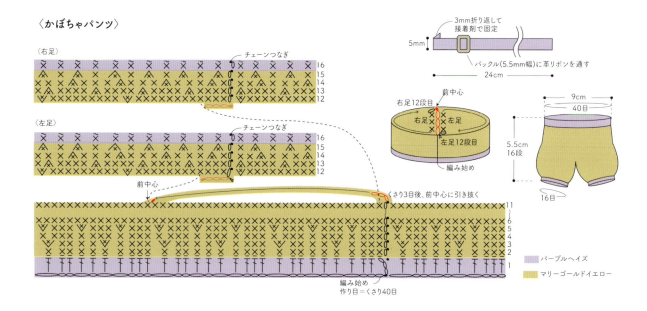

[糸] ハマナカ アメリーエフ《合太》　ブーツ：グレー(523)2g、ナチュラルホワイト(501)1g
　　杖：マリーゴールドイエロー(503)1g、パープルヘイズ(511)1g
　　王冠：マリーゴールドイエロー(503)2g、ハマナカ アメリーエフ《ラメ》　赤(610)5g
[針] かぎ針5/0号、4/0号、とじ針、縫い針
[その他] ハマナカ ネオクリーンわたわた(H405-401)少々、竹串(8cm)1本、
　　　　パールビーズ(8mm)1個、(4mm)1個、縫い糸(黄)少々、ピンセット

[作り方]

1. ブーツを編む。4/0号針を使いくさり編み6目で作り目をし、編み図のとおり8段目まで編む。足の甲を巻きかがる。
2. 杖を編む。わの作り目から編み図のとおりに玉を編み、途中で綿を詰めながら最後まで編む。編み終わりの糸を20cm残してカットする。
3. 竹串を細編みで編みくるみ、編み終わりの糸を15cm残してカットする。編んだ細編みを指でねじり、編み目の頭をらせん状にする。とじ針を使い、図を参照して杖を組み立てる。
4. 王冠を編む。5/0号針を使い、各パーツを編む。本体と底を巻きかがりで合わせ、図を参照して組み立てる。縫い針を使って十字の真ん中にパールビーズを縫い付け、本体の底まで針を貫通させて少しへこませ、形を整える。

〈杖の玉〉

マリーゴールドイエロー
パープルヘイズ

段数	目数	増減数
6	6目	−6目
3〜5	12目	増減なし
2	12目	+6目
1	わの作り目に細編み6目編み入れる	

細編み30目で編みくるみ糸端は15cm残す

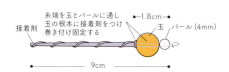

〈ブーツ〉

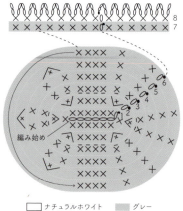

ナチュラルホワイト　グレー

段数	目数	増減数
8	14目	編み図のとおり
7	14目	増減なし
6	14目	毎段3目減
5	17目	
3・4	20目	増減なし
2	20目	+6目
1	くさり6目に細編み14目編み入れる	

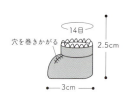

〈王冠の本体〉
ラメ 赤

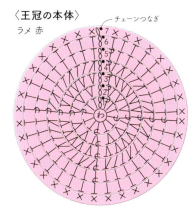

段数	目数	増減数
5〜7	36目	増減なし
4	36目	−8目
3	44目	+20目
2	24目	+12目
1	わの作り目に中長編み12目編み入れる	

〈王冠の底〉
ラメ 赤

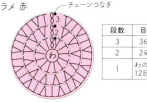

段数	目数	増減数
3	36目	毎段12目増
2	24目	
1	わの作り目に中長編み12目編み入れる	

〈飾り〉×2枚 マリーゴールドイエロー

編み始め 作り目＝くさり30目

〈帯〉マリーゴールドイエロー

編み始め
作り目＝くさり40目

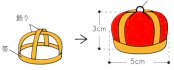

本体と底を巻きかがりで合わせながら綿を詰める

飾りを十字に合わせ帯に接着剤で固定する

本体にかぶせ接着剤で固定し、パールを中心に縫い付ける

パール(8mm)
3cm
5cm

How to make. 7
ラプンツェル [P.16、28]

人形本体

[糸] ハマナカ ピッコロ　イエローベージュ(45)18g、クリーム(41)10g、白(1)3g

[針] かぎ針3/0号、とじ針、刺しゅう針、縫い針

[その他] ハマナカ テクノロートL(H430-058)40cm、ハマナカ ネオクリーンわたわた(H405-401)15g、ハマナカ あみぐるみEYE 山高ボタン 5mm(H220-605-1)1組、頬紅 少々、手芸用接着剤、綿棒、刺しゅう糸(茶、白、ピンク)各少々、縫い糸(黒)少々、ペンチ、ピンセット

[ゲージ] 14目10段＝5cm角

[作り方]

1. パーツを編む。わの作り目から各パーツを編み図のとおりに編み、編み終わりの糸を30cm残してカットする。上半身は頭部になる17段目まで編んだら糸を休ませ、ピンセットなどで綿を詰める。

2. 頭部から続けて32段目まで首と胴体を編み、編み終わりの糸を20cm残してカットする。7cmにカットしたテクノロートLの両端をペンチで曲げ、綿と一緒に詰める。残した糸をとじ針に通し、最終段に糸を通してしぼり止めする。

3. 組み立てる。テクノロートLを14cm(手用)と18cm(足用)にカットし、胴体の23段目(手用)と30段目(足用)に通し、両端を曲げる。手と足を被せ、綿を詰めて巻きかがりで合わせる。とじ針を使って共糸で手に親指を刺しゅうする。

4. 顔を仕上げる。耳を編み終わりの糸で縫い付ける。目は後頭部から縫い糸を通した針を入れて顔側に出してあみぐるみEYEの足に通し、後頭部に針を出して糸端同士を結ぶ。刺しゅう糸でアイライン、眉、口、頬を刺しゅうし、綿棒で軽く頬紅を付ける。

5. 植毛土台を編む。わの作り目から編み図のとおりに編み、頭部に被せて取り付け位置の合印同士を縫い付ける。

6. 前髪を付ける。80cmにカットしたクリームの糸をとじ針に通し、玉留めをして植毛土台の●裏側から刺し始める。図を参照して刺し、バランスを見ながら糸を引きすぎずふんわりと仕上げる。糸が足りなくなったら植毛土台裏側で玉留めをし、新しい糸で続けて刺す。

7. 植毛をする。80cmにカットしたクリームの糸を28本用意して、指定の位置に植毛(P.32、33参照)する。植毛土台の後頭部をめくり、裏側に接着剤を少量付けて頭部に固定する。

〈足〉×2枚

〈手〉×2枚
イエローベージュ

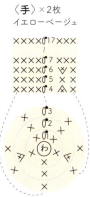

イエローベージュ　□白

段数	目数	増減数
24・25	11目	増減なし
23	11目	+1目
16〜22	10目	増減なし
15	10目	+1目
11〜14	9目	増減なし
10	9目	+1目
9	8目	+1目
8	7目	増減なし
7	7目	−2目
3〜5	9目	増減なし
2	9目	+3目
1	わの作り目に細編み6目編み入れる	

段数	目数	増減数
7〜17	7目	増減なし
6	7目	+1目
5	6目	増減なし
4	6目	−1目
3	7目	増減なし
2	7目	+2目
1	わの作り目に細編み5目編み入れる	

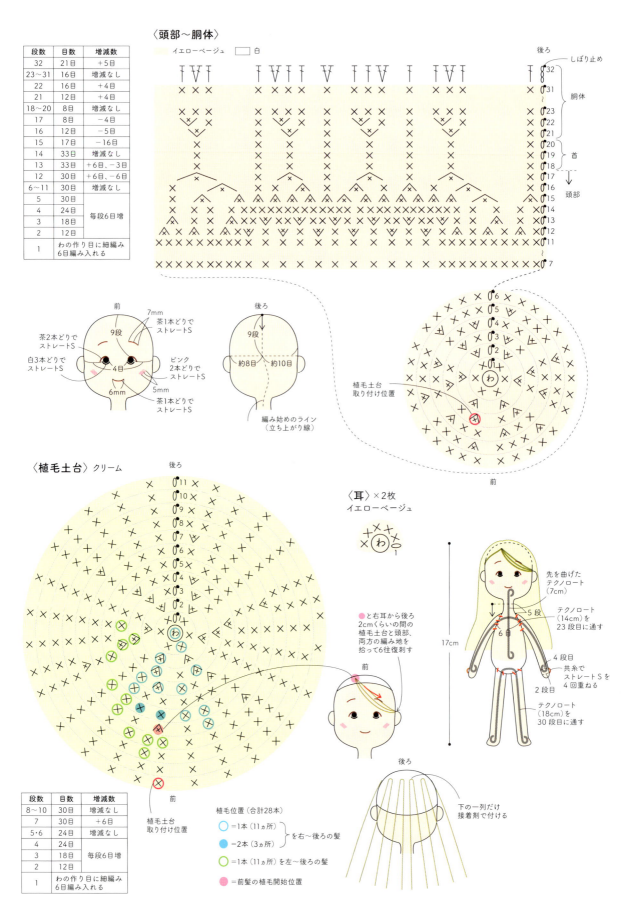

[糸] ハマナカ ピッコロ　薄紫(14)9g、
　　　紫(31)8g、ラベンダー(49)2g、白(1)1g
[針] かぎ針3/0号、とじ針、刺しゅう針
[その他] ボタン(8mm) 金色 2個、
　　　ビーズ(4mm)4個、
　　　刺しゅう糸(茶)少々、縫い糸(紫)少々

[作り方]
1. 上身頃を編む。くさり編み20目で作り目をし、編み図のとおりに7段目まで編む。
2. スカートを編む。作り目の反対側から目を拾って編む。
3. 袖を編む。袖ぐりから11目拾って編む。
4. フリルを編む。編み地表側の作り目、左右指定の位置から8目拾ってフリルを編む。ラベンダーの糸で縁編みをする。
5. とじ針を使って袖に刺しゅうをし、刺しゅう針で胸元に刺しゅうをする。縫い糸で指定の位置にボタンを縫い付ける。
6. ティアラを編む。くさり編みで編み図のとおりに編み、中央の飾りの根元に縫い糸でビーズを4個縫い付ける。

＊装着するときはヘアバンドのように後頭部で両端をリボン結びにします。

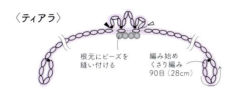

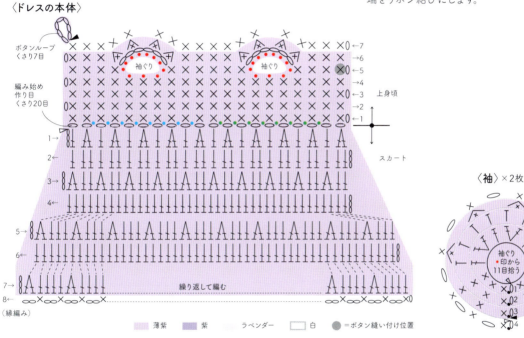

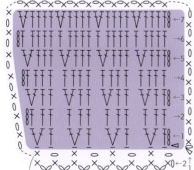

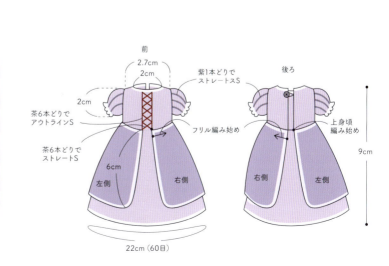

ラリエット
ワンピース

[糸] ハマナカ ピッコロ
ショッキングピンク(22)10g、
ラベンダー(49)1g、白(1)1g、
薄ピンク(40)1g、クリーム(41)1g、
花用の糸 お好みで 各1g

[針] かぎ針3/0号、とじ針、
刺しゅう針、縫い針

[その他] ボタン(直径8mm)金色 2個、
パールビーズ(4mm)1個、
刺しゅう糸(ピンク)少々、
縫い糸(ピンク、クリーム)少々

[作り方]
1. 上身頃を編む。くさり編み20目で作り目をし、編み図のとおりに4段目まで編む。
2. スカートを編む。作り目の反対側から目を拾って編む。
3. 袖を編む。袖ぐりから12目拾って編む。
4. 花を編む。編み始めの糸を20cm残してラリエットの花Bを3枚編み、とじ針を使って残した糸でワンピースの指定の位置にとじ付ける。
5. 縫い針で指定の位置にボタンを縫い付ける。
6. ラリエットを編む。くさり150目で紐を編み、指定の位置に縫い糸でボタンを付ける。わの作り目から花Aを1枚、Bを7枚、それぞれ好みの糸で編む。Aは編み終わりの糸を20cm残してカットし、残した糸で中心にビーズを付ける。縫い糸でAを指定の位置に、Bは好みの配置で縫い付ける。

＊装着するときは頭部に巻いてボタンを止め、髪に巻き付けて端の2本の糸をリボン結びにします。

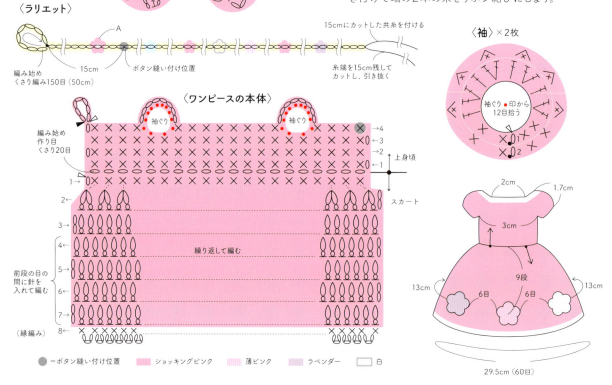

塔

[糸] ハマナカ ピッコロ　グレー(33)8g、薄青紫(37)5g、
薄茶(54)1g、紫(31)少々、ラベンダー(49)少々
ハマナカ コトーネツィード 緑(7)2g
ハマナカ ウオッシュコットンクロッシェ《ラメ》
モーブピンク(408)1g、藤紫(409)1g
ハマナカ ティノ 赤(6)1g

[針] かぎ針3/0号、とじ針

[作り方]
1. 本体を編む。わの作り目から底を編み、続けて7段目のみ長編みのすじ編みをして21段目まで側面を編む。
2. 屋根を編む。くさり編み57目(作り目)を輪にし、編み図のとおりに13段目まで編む。
3. パーツを編む。わの作り目から屋根飾り、花を、くさり編みの作り目から窓、蔦をそれぞれ編み図のとおりに編み、蔦以外は編み終わりの糸を20cm残してカットする。
4. パーツを付ける。とじ針を使って編み終わりの糸(蔦は共糸)でパーツを縫い付け、窓の下に紫とラベンダーの糸で刺しゅうする。

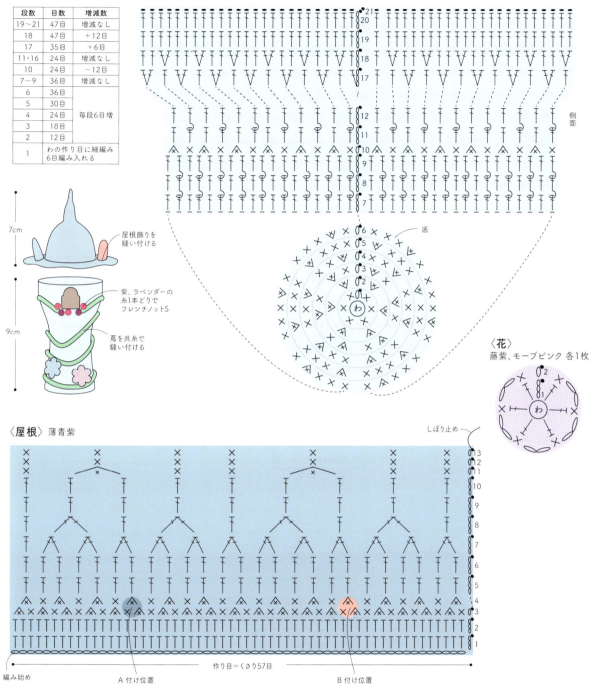
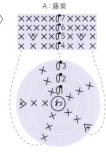

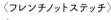
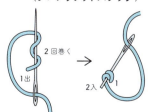

編み目記号表

くさり編み
針に糸を巻き付け、糸をかけ引き抜く。

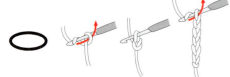

引き抜き編み
目に針を入れ、糸をかけ引き抜く。

細編み

目に針を入れる。　糸をかけて引きだす。　糸をかけて2ループを引き抜く。

細編みのすじ編み
前段の目の奥半目に針を入れ、細編みを編む。

細編み2目編み入れる
同じ目に細編み2目を編み入れる。

2目

細編み3目編み入れる
同じ目に細編み3目を編み入れる。

3目

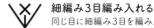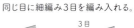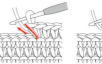

細編み2目一度
1目めに針を入れ糸をかけて引き出す。これを未完成の細編みという。次の目に針を入れ糸をかけて引き出し、3ループを一度に引き抜く。

バック細編み
編み地の向きはそのままで、左から右へ細編みを編み進める。

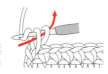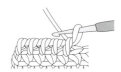

細編みの裏引き上げ編み
前段の目の裏側から針を入れ、細編みを編む。

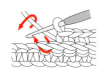

チェーンつなぎ
編み終わりの目の糸を引き出し、とじ針で編み始めの目に通す。最後の目の頭に手前から針を入れて奥に出し、裏面で糸始末をする。

針を上から入れる

針を中心から裏に出す

くさり3目の引き抜きピコット編み
くさり3目を編み矢印のように針を入れ、一気に引き抜く。

中長編み

針に糸をかけ、目に針を入れる。
糸をかけて引き出す。
糸をかけて3ループを一度に引き抜く。
立ち上がり2目

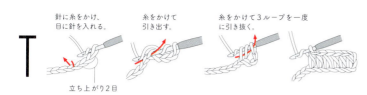

中長編みのすじ編み
前段の目の奥半目に針を入れ、中長編みを編む。

中長編み2目一度
1目めに未完成の中長編みを編み、次の目にも未完成の中長編みを編み、5ループを一度に引き抜く。

くさり1目　立ち上がりのくさり2目
くさり1目　台の目
2目め　1目め

 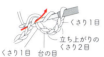

中長編み2目編み入れる
同じ目に中長編み2目を編み入れる。

長編み

針に糸をかけ、目に針を入て糸をかけて引き出す。
糸をかけて引き出す。
糸をかけて引き抜く。

長編みのすじ編み
前段の目の頭のくさり2本の奥側半目に針を入れ、長編みを編む。

① ②

長々編み
針に2回糸をかけ前段の目に針を入れ、糸を引き出し、さらに1回糸をかけ2ループ引き抜くを3回繰り返す。

2回巻く　1　2　3

長編み2目編み入れる
同じ目に長編み2目を編み入れる。

長編み3目編み入れる
同じ目に長編み3目を編み入れる。

長編みの表引き上げ編み
前段の目の足を手前からすくい、長編みを編む。

長編みの裏引き上げ編み
前段の目の裏側から針を入れ、長編みを編む。

中長編み3目の玉編み
同じ目に未完成の中長編み3目を編み入れ、糸をかけ一度に引き抜く。

2目め　1目め
3目め

   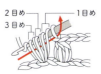

中長編み3目の変わり玉編み
中長編み3目の玉編み同様、未完成の中長編みを同じ目に3目編み入れる。糸をかけ矢印のように引き抜き、さらに糸をかけ残りを引き抜く。

2目め　1目め
3目め

79

編集	武智美恵
デザイン	黒羽拓明
イラスト	ナカミサコ
撮影	島根道昌 天野憲仁
作品製作	amidoki andeBoo くるりん 髙際有希 ミドリノクマ Miya
トレース	小池百合穂 小鳥山いん子
制作協力	武内マリ
校正	ミドリノクマ
素材提供	ハマナカ株式会社 コーポレートサイト：hamanaka.co.jp メール：info@hamanaka.co.jp TEL 075 - 463 - 5151(代)

かぎ針で編む7つの物語

童話みたいなあみぐるみ

2024年11月1日　第1刷発行

編　者	日本文芸社
発行者	竹村　響
印刷所	株式会社文化カラー印刷
製本所	大口製本印刷株式会社
発行所	株式会社 日本文芸社 〒100-0003 東京都千代田区一ツ橋1-1-1 パレスサイドビル8F

Printed in Japan 112241016-112241016 Ⓝ01(201130)
ISBN978-4-537-22248-7
ⒸNIHONBUNGEISHA 2024
URL https://www.nihonbungeisha.co.jp/
(編集担当 牧野)

印刷物のため、作品の色は実際と違って見えることがあります。ご了承ください。
法律で認められた場合を除いて、本書からの複写・転載(電子化を含む)は禁じられています。また、代行業者等の第三者による電子データ化および電子書籍化は、いかなる場合も認められていません。

乱丁・落丁本などの不良品、内容に関するお問い合わせは
小社ウェブサイトお問い合わせフォームまでお願いいたします。
ウェブサイト　https://www.nihonbungeisha.co.jp/